西南财经大学全国中国特色社会主义政治经济学研究中心"中国式现代化"系列专著；
国家社科基金项目（17BJL003）研究成果

有偏技术进步、全要素生产率 与供给侧结构性改革路径研究

蔡晓陈 ○ 著

西南财经大学出版社

中国·成都

图书在版编目(CIP)数据

有偏技术进步、全要素生产率与供给侧结构性改革路径研究/蔡晓陈
著.—成都:西南财经大学出版社,2024.3
ISBN 978-7-5504-6088-1

Ⅰ.①有… Ⅱ.①蔡… Ⅲ.①全要素生产率—研究—中国②中国
经济—经济改革—研究 Ⅳ.①F249.22

中国国家版本馆 CIP 数据核字(2024)第 037092 号

有偏技术进步、全要素生产率与供给侧结构性改革路径研究
YOU PIAN JISHU JINBU、QUANYAOSU SHENGCHANLÜ YU GONGJICE JIEGOUXING GAIGE LUJING YANJIU
蔡晓陈 著

责任编辑:王 利
责任校对:植 苗
封面设计:何东琳设计工作室 墨创文化
责任印制:朱曼丽

出版发行	西南财经大学出版社(四川省成都市光华村街55号)
网 址	http://cbs.swufe.edu.cn
电子邮件	bookcj@swufe.edu.cn
邮政编码	610074
电 话	028-87353785
照 排	四川胜翔数码印务设计有限公司
印 刷	郫县犀浦印刷厂
成品尺寸	170mm×240mm
印 张	11.5
字 数	190千字
版 次	2024年3月第1版
印 次	2024年3月第1次印刷
书 号	ISBN 978-7-5504-6088-1
定 价	68.00元

前　言

　　自 2015 年 11 月中央提出供给侧结构性改革以来，关于这一主题的研究可谓汗牛充栋。2015 年 12 月，笔者接到一个决策咨询报告撰写任务，要求阐述供给侧结构性改革背后的经济逻辑。在提交的报告中，笔者阐述的核心观点为：供给侧结构性改革需要处理好结构刚性问题。所谓结构刚性，一般是特指发展中国家受各种经济与社会因素影响，经济结构难以及时灵活地调整以应对市场变化。结构刚性这个概念，是发展经济学早期的一个重要概念。第一代发展经济学家基于这一概念的提出，认为发展中国家的经济与成熟的市场经济有根本性差异。尽管这一概念后续的文献阐述不多，但是笔者认为，这一概念很重要，可能正好抓住了发展中国家的一些根本特征，可以和凯恩斯提出的"工资刚性"相提并论。众所周知，凯恩斯宏观经济学就是建立在工资刚性假设基础上的。后来人们发现工资刚性假设并不令人满意，于是用价格黏性做了替代。无论是工资刚性还是价格黏性，它们都同样起到了凯恩斯主义经济学的最底层假设的基础性作用。这是写作本书最早的缘起。

　　2017 年，笔者申报了一个国家社会科学基金课题，这个课题的题目为《有偏技术进步、全要素生产率与供给侧结构性改革路径研究》。这个课题的内容是从技术进步偏向来理解与解构供给侧结构性改革。本课题试图回答的一个最核心的问题是：为什么供给侧结构性改革需要政府推动？为什么市场不能自发解决结构性问题？笔者给出的答案就是结构刚性。

　　供给侧结构性改革的一个非常重要的中间目标是提高全要素生产率，而详细分解全要素生产率的话，能从中分解出技术进步偏向与中性等不同部分，也就是说，全要素生产率里面包含了技术进步偏向的影响。所谓技术进步偏向，就是指技术进步偏向何种要素，这实际上是技术的结构性问题，所以又被称为技术进步方向。技术进步偏向是影响收入分配的技术性因素。这个概念是希克斯于 1932 年在其名著《工资理论》中提出来的。后来在 20 世纪 90 年代，许多经济学家观察到全世界主要经济体的收入分配对劳动者越来越不利，于是很自然地就引用了技术进步偏向的概念。

在这个课题的设计和后续研究中，笔者仍然坚持了发展经济学的结构主义方法论，也就是坚持了开展这一部分研究的最初的想法，即结构刚性。第一，笔者试图阐明，人们观察到的经济结构变化会影响到生产率。第二，笔者试图进一步阐明，经济结构的变化会影响到技术结构，即经济结构的变化是导致技术偏向的一个原因。第三，这些结构性问题的一个共同理论基础是经济结构变化有刚性。第四，结构刚性放大了一种特殊的市场失灵，即协调失灵。结构刚性加上协调失灵，这就是供给侧结构性改革不能靠市场自发解决反而需要政府推动的原因所在。

在本课题研究的后期阶段，延伸出了一些其他问题，其中最主要的是，笔者发现，除了 20 世纪 80 年代英、美等国基于供给学派的结构性改革之外，其他国家也做过很多结构性改革的尝试。这些结构性改革的尝试，有的效果尚可，有的效果不佳。这是为什么呢？在课题结项之后，笔者在结项报告中增补了一章，也就是本书的第六章，试图通过笔者所搜集的这些材料来回答这个问题。笔者给出的初步答案是：结构性改革成功的关键在于解决结构刚性——不仅仅有经济层面的，还有社会层面的——能力的强弱问题。

在课题的研究及本书的写作过程中，笔者得到了众多同事、同行以及学生的帮助。刘书祥教授等课题参与人对课题的完成以及本书的写作做出了直接的贡献，很多校内外的同行包括发表研究文章过程中的一些审稿人对笔者观点的凝练和数据处理等方面提出了很多有益的建议，西南财经大学出版社的编辑在图书出版的过程中也给出了许多有益的建议。在此一并表示感谢！

蔡晓陈

2024 年 1 月

目　录

第一章　绪论

为了应对世界科技创新与技术转移的变化以及由此引起的国际产业格局变动、国内企业成本不断攀升、供需不匹配等问题，2015 年 11 月，我国提出了供给侧结构性改革这一总体性政策思路，并提出了在短期内完成"三去一降一补"（去产能、去库存、去杠杆、降成本、补短板）五大任务以及长期内提高全要素生产率的思路。供给侧结构性改革政策本质上就是政府主动作为，以缓解结构刚性的负面影响，提升企业应对不断变化的市场需求的能力，优化产业结构，促进全要素生产率提升。

第一节　研究背景

一、中国经济发展成就

进入新世纪后，中国经济在改革开放的前 22 年（1978—1999 年）经济发展基础上获得了更大的发展。2000—2019 年，中国 GDP 指数增长了接近 4.6 倍（见图 1-1），而同期印度增长了 2.5 倍，美国则在这 20 年中仅仅增长了 51%，欧盟增长更少，仅为 37%。类似地，2000—2019 年，中国人均 GDP 指数也增长了接近 4 倍（见图 1-2），而同期印度增长了 1.7 倍，美国和欧盟在同期仅分别增长 28% 和 30%。

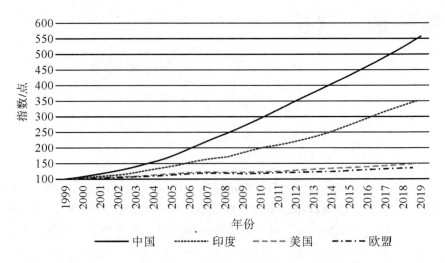

图 1-1　中国与世界其他主要经济体 GDP 指数（1999 年指数 = 100）

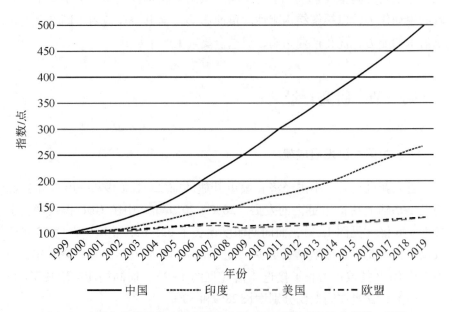

图 1-2　中国与世界其他主要经济体人均 GDP 指数（1999 年指数 = 100）

长期快速的经济增长，使得中国总体经济实力、国际经济地位快速提升。2000 年时，中国 GDP 总量在世界上排第 6 位，2005 年上升为第 5 位，2006 年上升为第 4 位，2007 年上升为第 3 位，2010 年超越日本后至今居世界第 2 位。

在经济增长积累的物质基础上，我国人民生活水平不断提高，科技教育、脱贫攻坚等各个方面的事业也快速发展。进入新世纪后，我国研发经费支出不断增加，由 2000 年的不足 900 亿元增长到 2019 年的超过 22 000 亿元。更为可喜的是，研发经费支出强度（研发经费支出占 GDP 的比重）也逐步攀升，由 2000 年的 0.89% 上升到 2019 年的 2.23%，研发支出强度已达到欧盟平均水平。具体见图 1-3。

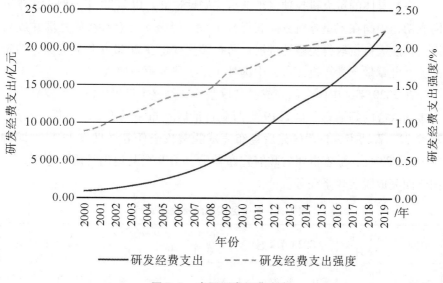

图 1-3　中国研发经费支出

凭借科研经费支出的增加，我国以科技论文衡量的基础研究能力也在快速提升。最近十多年，中国科技论文的发表数量和质量都出现了爆炸性的增长。2014 年，国际顶级科技期刊《自然》（Nature）提出了一个评估国家或研究机构的基础研究产出的指标——自然指数，该指标衡量了 82 本自然科学领域一流期刊上所发表论文的情况。在 2019 年的自然指数国家排行榜中，中国仅次于美国位于世界第 2 位，德国排在第 3 位，美国的自然指数指标值是中国的 1.49 倍，而中国的自然指数指标值是德国的 2.98 倍。其实从自然指数被提出以来，位于排行榜前三位的一直是美、中、德三国，但是从自然指数得分来看，在短短的 6 年时间里，中国在迅速追赶美国。2013 年，美国的自然指数得分大约是中国的 3.6 倍，目前这个差距已经被缩小了一多半。

PCT（Patent Cooperation Treaty，专利合作协议）专利数量一般被认为是最有价值的应用技术衡量指标。2020 年 4 月 7 日，世界知识产权组织（WIPO）公布，2019 年，中国通过 PCT 国际专利体系申请了 58 990 份专利，超过了美国的 57 840 份，而在 1993 年，中国向世界知识产权组织只提交了一份专利申请。从 1 到 58 990，中国用了 27 年时间赶超美国，成为世界第一①。

一些具体的重大科技项目也获得突破性进展。以 2020 年为例，北斗组网成功，中国在卫星导航方面获得自主权；嫦娥 5 号登月获取月壤并成功返回，航天科技取得突破性进展；可控核聚变也在 2020 年年底完成，领先欧美；九章量子计算机面世，中国处于量子研究第一梯队。

在 2020 年，中国全面完成脱贫攻坚任务是整个世界经济政治发展中最为激动人心的好消息。自 2019 年西藏自治区宣布完成脱贫攻坚任务开始，22 个省、直辖市、自治区先后宣布完成脱贫攻坚任务（见表 1-1）。2020 年 11 月 23 日，随着贵州省政府宣布紫云县等 9 个县退出贫困县序列，我国全面完成脱贫攻坚任务。

表 1-1　各省区实现脱贫摘帽时间

时间	2019 年 12 月	2020 年 2 月	2020 年 3 月	2020 年 4 月	2020 年 11 月
完成脱贫省份	西藏	重庆、黑龙江、河南、山西、海南、陕西、湖南、河北	内蒙古	吉林、湖北、江西、安徽、青海	云南、新疆、四川、宁夏、广西、甘肃、贵州

数据来源：https://www.sohu.com/a/434043745_120059005.

二、供给侧结构性改革提出之背景与缘起

然而，在经济快速发展与繁荣的背后，一些问题也逐渐累积并显现出来。这些问题就是供给侧结构性改革政策提出的背景与缘起。总的来看，问题主要包括如下几个方面：

第一，经济增长潜力下滑（李佐军，2016）。在 2001 年加入 WTO 后的近十年，我国经济增长潜力得到了很好的释放。但是在 2008 年美债危机引发全球金融危机后，我国经济增长开始放缓，中间虽然经过了 2009 年应

---

① 数据来源：https://www.guancha.cn/internation/2020_04_09_546180.shtml.

对美债危机而提出的刺激政策带来的较快增长，但是随后经济增长回到不断放缓的趋势上。图 1-4 中描述的 2000—2019 年的我国 GDP 增长率显示，经济增长比较显著的拐点发生在 2012 年，在此之前我国经济增长率应当在 8% 以上，但是在此之后我国 GDP 增长率总体下滑，近几年维持在略高于 6% 的水平上。

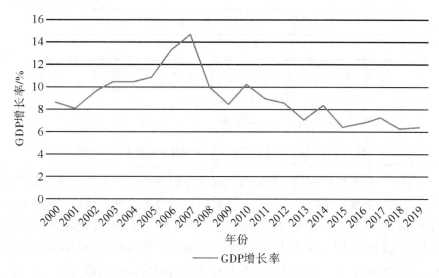

图 1-4　2000—2019 年中国 GDP 增长率

　　第二，经济增长质量不高。宏观经济学家用全要素生产率度量宏观上的经济增长质量。宾夕法尼亚大学世界表（Penn World Tables, PWT9.0）估计出了各国以多种方法计算的长期全要素生产率。图 1-5 报告了中国、美国、德国和日本的相对全要素生产率，其中以美国为比较基准，即美国每一年的全要素生产率均为 1。从该图可以看出：第一，我国全要素生产率水平与美、德、日等发达经济体依然存在较为显著的差异，相对全要素生产率的值不到美国的 45%，不到德国的 50%，相当于日本的 60%（日本自 1993 年开始经历了 20 余年的相对全要素生产率下滑）。第二，1995—2008 年，我国相对全要素生产率逐步提高，但是在 2008 年后，我国的相对全要素生产率几乎没有增长。

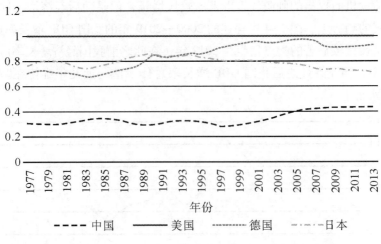

图 1-5 中国、美国、德国和日本相对全要素生产率比较

第三，收入分配问题长期存在。收入分配涉及经济发展成果的最终去向，是经济发展的最终目的所在，因此它也是经济发展的核心议题。收入分配状况可以用很多维度的指标来度量。图 1-6 显示的中国居民收入基尼系数变化同样表明，在 20 世纪 90 年代中后期，我国收入分配问题开始恶化，尽管随后有些年份收入分配恶化趋势有所放缓，但是最近 20 多年来，这一恶化趋势没有出现根本性变化。图 1-7 也显示，我国劳动者报酬份额（劳动者报酬占 GDP 比重）在 1998 年开始出现下降的转折点，而且在 1998 年后劳动者报酬份额下降速度加快。

第四，产能过剩与产能不足的结构性矛盾同时存在（李佐军，2015；范必，2016；迟福林，2016；王一鸣 等，2016）。20 世纪 90 年代中后期以来，产能过剩问题一直在我国经济发展过程中不时出现。我国经济进入新常态后的这一轮产能过剩问题展现出与之前的产能过剩问题不同的一个主要特征，即总体产能过剩与部分产能不足同时显著存在。这表现为，一方面许多普通商品生产能力大大过剩，另一方面一些民众迫切需求的产品供给不足甚至不能生产，所以最终表现为生产出来的产品不完全是"适销对路"的产品。这一特征背后的主要原因是我国民众收入普遍提高，由此对高质量、高品质产品的需求增加，而生产体系尚未完成相应的结构性调整。

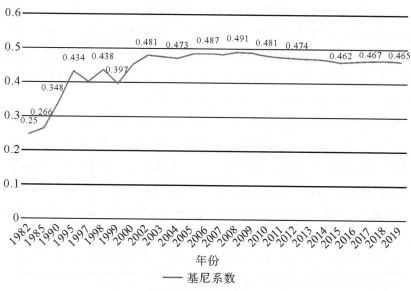

图 1-6　中国居民收入基尼系数

数据来源：1982—2002 数据来自张彦峰. 我国居民收入分配基尼系数变化趋势分析［J］. 商业经济研究，2019（16）：189-192. 2003—2019 年数据来自国家统计局网站。

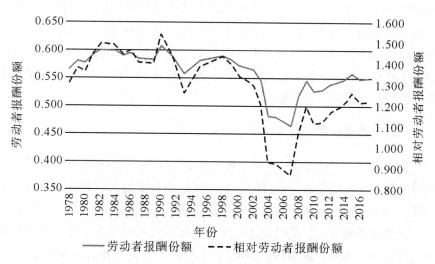

图 1-7　中国劳动者报酬份额与相对劳动者报酬份额变化

第五，国际政治经济关系面临百年未有之大变局。百年未有之大变局的根本原因是国家相对实力的变化与国际科学技术的迅猛发展。我国总体经济实力的迅速提升，使得我国有了发展世界前沿科学技术的意愿和能力。以电子信息技术为基础的第四次工业革命正在进行，当前与今后一段时期必将面临许多重大技术的大规模应用。随着我国工业技术逐步向世界前沿技术逼近，我国通过国际技术转移获得前沿技术的意愿和可能性迅速减弱。我国与欧美等发达经济体在世界经济产业链中原有的互补关系，越来越趋向于表现为在高科技产品领域的竞争关系。

所有这些问题既是技术性的，又是结构性的。换句话说，这些问题既是生产技术较为落后、全要素生产率较低导致的，又是产业结构不能及时灵活调整导致的。实际上，整体的生产技术落后、全要素生产率偏低和结构难以调整相互影响，形成或正或负的反馈机制，最终交织在一起造成问题。例如，上述的产能过剩与产能不足的结构性矛盾，既是生产技术的供给落后于市场需求的一种反映，又是产业结构难以调整的一种表现。而且，正是一些企业或行业难以实现技术升级，才最终拥挤在生产大量同质性产品的低技术层面而造成了产能过剩。

形成这些问题的根源还与我国发展不平衡有关。我国发展不平衡既体现在区域发展不平衡层面，又体现在行业乃至行业内不同企业发展不平衡层面。正是发展的不平衡，形成了二元乃至更多元的经济发展逻辑。处于顶端的地区或行业、企业拥有了吸纳世界最前沿科技的能力，而数量众多的处于底端的（或称之为"传统部门"或"传统行业"）地区或行业、企业的技术吸纳能力差，技术吸纳意愿弱，生产组织方式也较为落后，这导致了在世界科技迅速发展的情况下，我国经济增长逐步放缓，全要素生产率也一直较为落后等问题。

三、供给侧结构性改革的核心含义

自 2015 年 11 月开始，"供给侧结构性改革"就迅速成为学术界与舆论界的热词。不同学者从各自的专业领域视角对供给侧结构性改革进行了解读，试图丰富这一概念的内涵、坚实其理论基础并提出具体对策处方。

在理论基础方面，供给侧结构性改革可以追溯到马克思主义政治经济学（逄锦聚，2016；洪银兴，2016）、以萨伊定律为代表的新古典经济学、经济增长理论（王一鸣，2015）、发展经济学乃至西方经济学中的供给学派（贾康 等，2015）。在内涵方面，有生产效率说（李俊江，2016）、资源配置说（刘世锦，2016）、供需平衡说（王一鸣 等，2016）、制度供给说（贾康，2016）、经济发展方式说（吴敬琏，2016）。对于供给侧结构性改革的实施路径，有改革论（贾康，2013）、产业调控论（刘世锦，2016；余永定，2016）、减税论（方晋，2016）、资本市场效率（郭田勇，2016）、人力资本论（蔡昉，2016）、技术创新论（曾宪奎，2016）、对外经济调整论（郑京平，2016；沈坤荣，2016）等，不一而足。

梳理这些纷繁复杂的论述，并结合后文第二章中关于供给侧结构性改革的理论基础研究，我们认为，供给侧结构性改革的核心含义为：以供给端改革实现产业结构优化与全要素生产率提升。我们从如下四个方面进一步阐述这一核心含义。

第一，供给侧结构性改革最终体现为全要素生产率的提高，并要通过提高全要素生产率这一关键中间变量来实现其他发展目标。在众多学者的研究中，或多或少提及了全要素生产率在供给侧结构性改革中的作用，例如刘世锦（2016）。实际上，中央在论述供给侧结构性改革时也提及了全要素生产率的作用。例如，习近平在 2016 年 1 月 18 日的学习贯彻十八届五中全会精神专题研讨班上发表的讲话就指出："供给侧结构性改革，重点是解放和发展社会生产力，用改革的办法推进结构调整，减少无效和低端供给，扩大有效和中高端供给，增强供给结构对需求变化的适应性和灵活性，提高全要素生产率。"[①]

从后文第二章关于全要素生产率的详细解读可以看出，全要素生产率本身是一个较为复杂的概念。可以这样认为，经济发展最终必将表现为全要素生产率的提高。所以，全要素生产率本身是经济发展的重要体现。但是，一方面全要素生产率来源复杂，另一方面全要素生产率有些部分很难被作为直接的政策变量，因为它们是其他政策行为的结果。所以，我们认为，全要素生产率的提升是实施供给侧结构性改革的一个必经的逻辑环节与最终体现。没有提高全要素生产率肯定不会实现供给侧结构性改革，但是仅仅提高了全要素生产率，也不一定就能认为供给侧结构性改革成功了，因为全要素生产率乃至技术进步可能会带来别的与实现民众美好生活这一最终目标不一致的后果（参见后文的第三章和第五章）。

全要素生产率是一个长期变量。考察短期的全要素生产率变化意义不大（蔡晓陈，2012）。全要素生产率是经济增长理论的核心概念。经济增长问题在宏观经济学中属于长期问题。长期的经济增长主要受一些经济的基本因素

---

① 习近平. 习近平在省部级主要领导干部学习贯彻党的十八届五中全会精神专题研讨班上的讲话 [EB/OL]. http://www.xinhuanet.com/politics/2016-05/10/c_128972667.htm.

所影响（参见第二章）。从经济学说史来看，长期问题都是属于"供给侧"的，很少有主流的经济增长文献从需求角度来理解经济增长问题。

第二，供给侧结构性改革主要要解决生产结构问题。顾名思义，供给侧结构性改革肯定是要调整产业结构的，而调整产业结构就是要调整生产结构，使得生产结构适应国内和国际市场需求结构的变化与国家发展战略的需要。首先，随着我国经济体量的不断增加，我国自身有发展高端产业的战略需要。唯有大力发展高端产业，才能在未来的国际产业链中处于更为有利的位置，以此重塑经济结构优势，保持全球经济的领先地位（肖林，2016）。从国内需求来看，随着我国人均收入的迅速增加，对高质量、高品质产品的需求绝对额与相对比重都会迅速增加。从经济安全角度来看，庞大的国内市场需求也不可能主要通过进口来解决。从国际市场需求来看，低端产业产品收入弹性低，未来市场增量有限。如果我国仍然大力发展低端产业，整个世界将难以吸收中国在低端产业上的产能，必将形成产能过剩。相反，高端产业产品的收入弹性高，未来市场空间更为广阔。

调整生产结构最终都会表现为提高全要素生产率。无论是使用更先进的技术生产更多的产品，还是生产高品质、高质量从而高增加值的产品，抑或是通过改革提高生产效率、降低生产成本，在最终的增长核算中都表现为提高了全要素生产率。

生产结构问题本身就是属于供给侧的问题，而它又决定于更基本的一些结构性问题。生产结构其实是要素投入结构与技术结构乃至社会结构的结果。例如，如果我们的劳动力绝大部分是无技能的劳动力，很难想象可以生产出高品质、高质量的产品。如果生产所用的工艺技术都是传统落后的工艺技术，生产成本必然高昂。如果人们的价值观缺乏创新进取精神，科技进步速度必然不高。

第三，供给侧结构性改革是我国经济治理思路的一次重大转变（沈坤荣，2016）。在此之前，尤其是从 20 世纪 90 年代中期到 2015 年之前，我国很大程度上是采用凯恩斯主义的需求管理来治理宏观经济的。这样的政策治理思路在当时起到了很好的效果。但是，到了经济进入新常态后，需求管理的效果越来越不明显（李佐军，2016），已不足以解决中国当前面临的经济增长速度放缓、供需结构不匹配、产能过剩等问题。

但是，供给侧结构性改革不是简单的一个具体政策转变，而是经济治理思路的总体变化。这种经济治理思路的变化必将涉及很多方面的内容，而且在不同阶段也必将会有不同的政策应对。在经济治理思路总体转变的指引下，也许在具体政策上不会是陡然的转向，而是缓慢地与原有政策偏移一定的角度。

总体来看，供给侧结构性改革更注重经济增长的长期潜力，而非短期的特定问题。在这一指导思想下，我国宏观经济管理不会过于纠结短期利益，而是着眼于长期利益来看待短期利益。最为典型的例子就是坚持"房住不炒"的政策。房地产市场的发展在短期内对于解决就业、充实地方财政、拉动经济增长等问题当然是重要的，但是一旦偏离了房地产市场"房住不炒"目标，则并不符合长期发展利益。

第四，供给侧结构性改革坚持经济发展长期观点和短期观点的统一。影响经济发展的结构性变量是一个复杂的变量体系，既包括产出或产业结构，又包括资本与劳动结构、物质资本内部结构、人力资源或人力资本结构等投入结构，还包括区域结构、城乡结构、教育结构以及社会结构等。这些结构性变量，有一些是变化迅速的短期变量，有一些是变化缓慢的长期变量，还有一些是中期变量，如产业结构。而且，这些结构性变量之间相互影响，比如社会结构与教育结构等长期变量会影响要素投入结构从而影响产出结构。

长期经济增长和发展的影响因素与短期经济增长和发展的影响因素是不同的。正如后文第二章所论，在长期内，经济绩效取决于生产能力，生产能力取决于资本和劳动这两种基本投入以及技术发展水平。而在短期内，影响经济发展的因素会更多，相对而言，物价水平、需求等因素会变得更为重要。前已述及，供给侧结构性改革更注重经济增长的长期潜力，而非短期的特定问题。供给侧结构性改革所主张的是在着眼解决长期问题的原则下解决短期问题，两者统一于提高全要素生产率。在短期内，产能过剩问题不利于提高全要素生产率，因而短期内解决的是落后产能的过剩问题。在长期内，推动科技进步是提高全要素生产率的主要手段，因而在调整产业结构的过程中，应不断坚持科技创新。

第二节　研究问题的提出与研究思路、研究内容

一、研究问题的提出

基于以上现实背景和对于供给侧结构性改革内涵的理解，我们提出在有偏技术进步视角下提升全要素生产率实现供给侧结构性改革的路径这一研究课题。有偏技术进步代表的是技术进步的结构性内涵（参见后文第三章和第四章）。选择有偏技术进步视角的原因是：一方面，只有打开技术进步的结构性"黑箱"，我们才能很好地理解技术进步速度如何受到经济与社会本身的一些结构性因素的影响（Acemoglu，2009）；另一方面，技术进步偏向自身又能反过来影响总体全要素生产率，并对经济发展产生结构性的影响，尤其是对收入分配格局产生直接影响。也就是说，有偏技术进步是经济社会结构链条中的一个重要环节。具体研究问题包括：

第一，全要素生产率包括哪些结构性内涵？具体来说，经济结构变化如何影响全要素生产率？特别是，二元经济结构变化如何影响全要素生产率？全要素生产率进步又会产生哪些结构性影响？

第二，为什么供给侧结构性调整需要政府推动？市场为什么不能自发实现结构调整？

第三，有偏技术进步的内涵是什么？如何在新古典增长理论框架下以及内生增长理论框架下，探讨有关技术进步的作用机制问题？

第四，经济社会结构如何影响技术进步的偏向？特别是，二元经济结构如何影响技术进步的偏向？

第五，我国技术进步偏向多大程度上影响到了全要素生产率与收入分配格局？

第六，基于以上对有偏技术进步的认识以及对供给侧结构性改革内涵的理解，供给侧结构性改革的推动路径应当是什么？

二、研究思路和研究内容

本书以经济增长与发展理论为指导，从供给侧结构性改革目标、任务和经典文献中归纳出提升 TFP（全要素生产率）的核心作用与研究技术进步偏向的必要性；以技术进步偏向为研究的逻辑起点，梳理技术进步偏向

的理论内涵，以新古典技术偏向理论与内生技术进步偏向理论为理论基础，实证分析我国技术进步偏向成因与效应，得出我国技术进步偏向形成机理，由此探讨供给侧结构性改革的实施路径。本书主要章节安排和研究内容如下：

第一章为绪论，主要是提出研究问题，具体介绍研究背景与供给侧结构性改革的核心含义以及本书研究的创新之处和不足。

第二章为经济结构调整的理论基础研究，主要探讨经济发展的分析框架、全要素生产率的数量与结构内涵以及在结构刚性视角下理解供给侧结构性改革。

第三章为有偏技术进步理论，主要解释技术进步偏向的含义、梳理新古典技术进步偏向理论、内生技术进步偏向理论。

第四章为中国及跨国的二元经济结构与技术进步偏向实证分析，主要探讨技术进步偏向的成因，具体包括：二元经济结构影响技术进步偏向的机理以及实证分析我国二元经济结构对技术进步偏向的影响，实证分析发展中国家二元经济结构对技术进步偏向的影响。

第五章为技术进步偏向的影响，主要从实证角度探讨技术进步偏向视角下如何分解我国全要素生产率和相对劳动报酬份额。

第六章为国外供给侧结构性改革的经验与教训，主要从实证角度分析了美国、英国、德国、日本、韩国、澳大利亚的供给侧结构性改革的历史背景、主要措施、成效以及经验与启示。

第七章为供给侧结构性改革路径研究，主要从短期、中期与长期时间维度探讨实施供给侧结构性改革的政策问题。

第三节　研究的创新与不足

一、创新之处

第一，研究视角创新。现有对提升 TFP 推进供给侧结构性改革的研究都没有关注导致 TFP 提升的技术进步方向与结构问题。本书以技术进步偏向为逻辑起点，探讨 TFP 的结构分解，这为当前提升 TFP 推进供给侧结构性改革提供了新的研究思路。

第二，理论与方法创新。这主要包括三个方面：其一为构建了一个以结构刚性为基本假设、以协调失灵为主要机制的产业结构变动模型，以此论证在产业结构优化升级过程中政府推动的必要性。其二为构建了一个二元经济假设下的技术进步偏向的简化模型，以分析形式化结构变化对技术进步偏向的影响。其三为结合技术创新可能性边界分析企业对技术进步方向的最优选择，并探讨了收入分配结构对技术进步偏向的影响。

第三，学术观点创新。这主要表现在以下方面：

（1）全要素生产率的结构性含义方面。全要素生产率有三重结构性含义，其一为能产生结构性影响，其二为经济结构变动能影响全要素生产率的大小，其三为全要素生产率本身是结构性的，即技术进步是偏向的。

（2）有偏技术进步内涵与理论方面。资本与劳动要素之间的偏向是最常见的偏向关系，但是并非唯一的偏向关系。基于创新可能性边界的新古典有偏技术进步理论表明，收入分配结构本身会影响到技术进步结构。内生技术进步理论（Acemoglu 模型）刻画了技术进步偏向是如何受到要素相对供给的影响的，但是它依然只是一个局部均衡理论，因为要素相对供给也是内生的。

（3）有偏技术进步成因方面。技术进步资本偏向指数与二元经济严重程度正相关。并且，市场化改革强化了这一关系，城市工资上升削弱了这一关系。

（4）技术进步偏向效应方面。劳动报酬份额变化分解资本深化效应、技术偏向效应和相对要素扭曲效应，其中资本深化效应起主导作用。改革开放以来，资本深化不断降低劳动报酬份额，技术进步偏向在进入新常态之前降低了劳动报酬份额变化，而在进入新常态之后则是提高了这一份额变化。相对要素价格扭曲效应则在进入新常态之前都有利于劳动报酬份额变化，而在进入新常态之后则不利于这一变化。全要素生产率分解为数量效应和结构效应，其中数量效应起主导作用。在数量效应内部，劳动增进型技术进步率主导了数量效应，它与数量效应符号基本一致，而资本增进型技术进步率大部分年份为负且绝对值较小。在结构效应内部，技术偏向是结构效应的主导性因素，要素偏向和交互效应的数值较小。

（5）供给侧结构性内涵方面。供给侧结构性改革是一种治理思路，而非具体政策，它代表了我国经济治理指导思想的一次重大转变，是经济发展长期观点和短期观点的统一，其核心在于通过解决生产结构问题提高全要素生产率。

（6）供给侧结构性改革理论基础方面。由于存在结构刚性，企业进行转型升级需要调整成本，因而单个企业不能对市场状况的变化做出及时灵活的产业升级反应。在整个市场范围内，互补性使得企业产业结构升级时相互依赖，而协调失灵放大了结构刚性的作用，导致出现多重均衡，其一为高产业结构水平稳定均衡，其二为低产业结构水平稳定均衡。所以，市场不能自发实现产业结构优化升级，需要政府主动作为。

（7）供给侧结构性改革实施路径方面。供给侧结构性改革不会一蹴而就，在不同的阶段关注的主要问题会有所不同，具体措施也会有所不同。具体政策应围绕如下六个方面进行：发挥制度优势做强基础研究、推动应用型技术向生产领域扩散、以改善营商环境为核心推动政务改革、节制过度投资与无序投资以提高资本要素效率、做好人力资源长期发展战略规划以提高劳动要素效率、"三去一降一补"制度化。

二、研究的不足与后续研究问题

如下五个方面是本书的主要不足，也是后续研究计划中所要探讨的主要问题。

第一，技术进步偏向的其他成因。本书主要从二元经济结构变化方面解读技术进步偏向的成因。但是从内生技术进步偏向理论来看，直接影响技术进步偏向的是价格效应和市场规模效应。本书尽管在第四章中对此有所讨论，但是并没有加以实证检验。此外，类似于人口结构、贸易结构等影响技术进步偏向的因素，本书也未专门加以阐述。甚至对第三章中模型分析得出的要素收入分配影响技术进步的相对增进型变化，本书也没有进行深入分析。

第二，本书所用的技术进步偏向概念主要局限于最近十多年来流行的概念，即资本与劳动这两种要素之间的偏向关系。从经济学说史的角度来看，技术进步偏向有更为广泛的含义，尽管本书在第三章中对此有所阐述，但是在后续的第四章和第五章中并没有涉及技术进步偏向的其他含义，特别是技术进步的部门与产业偏向。

第三，其他要素偏向。本书主要探讨的是资本和劳动这两种初始投入的偏向关系，尚未涉及已有文献讨论过的中间投入要素的偏向、能源偏向。信息技术革命被誉为第四次工业技术革命，信息化、数字化技术渗透到各行各业，信息要素已成为一种重要的生产要素，但本书并未对信息要素的偏向问题展开讨论。

第四，技术进步偏向影响相对价格与产业结构。根据内生技术进步偏向理论，各行业要素密集程度不同，技术进步偏向会影响到不同行业之间的产品相对价格，从而会影响到产业结构变化方向。从现有文献来看，这一方面的实证研究有待进一步展开。

第五，本书所提出的供给侧结构性改革路径主要局限于经济与科技创新层面，而未涉及政治与社会层面。一般而言，经济与科技的发展深受政治与社会因素的影响，例如，在一个存在广泛贫困的社会里面，很难有前沿科技创新的意愿和能力。解决协调失灵问题的能力是推动供给侧结构性改革的必要条件，这需要强有力的政治动员能力与社会组织能力。政治与社会因素对供给侧结构性改革的影响，以及供给侧结构性改革路径的政治与社会方面，是非常重要而且有趣的研究方向，但已超出本书的研究范围。

第二章 经济结构调整的理论基础研究

为什么供给侧结构性调整需要政府推动？市场为什么不能自发实现结构调整？政府和市场的作用边界问题，一直是诸多经济理论流派与分支争论的焦点问题。对于这一问题的争论，涉及对现实经济运行的最基本假设。一般而言，在宏观经济学中，具有新古典传统的经济学流派或分支都倾向于信奉市场的自发调节作用，而具有凯恩斯主义传统的经济学流派或分支则认为需要政府干预。两者的差异就在于它们的逻辑起点不同，后者认为现实的市场经济的摩擦力较大，存在足以影响宏观经济运行的市场失灵，前者则不赞同这种观点。本章认为，结构刚性以及经济发展过程中存在的协调失灵放大了结构刚性的效果，导致产业结构难以通过市场力量自发调整。

第一节 经济发展分析基本框架

与经济增长不同，经济发展是多维的。经济发展的多维性，既体现为发展目标的多维性，又体现为发展手段的多维性。一般而言，经济增长是指人均 GDP 的增加，而经济发展除了包括人均 GDP 从而人均收入的增加以外，也包括收入分配结构的改善与贫困的削减，还包括人的健康与受教育程度的提升。也就是说，除了收入和收入分配结构以外，健康和教育本身也是经济发展的目标。

推动经济发展就是消除经济发展的一切障碍因素。经济发展的障碍因素比经济增长的障碍因素更广泛、更多维，因此推动经济发展的手段也比推动经济增长的手段更加多维、广泛。一般来说，推动经济增长的手段就是指投资从而形成资本、扩大劳动的供给以及推动技术进步。但是，资本形成、劳动供给与技术进步三个因素深深嵌入发展中国家的经济结构之中。如果不消除这些经济结构障碍性因素，也就无法推动资本形成、劳动供给与技术进步。

我们可以把一个国家或地区的经济发展理论框架概括为图 2-1。经济发展的三大基本目标包括收入增长与收入分配、教育和健康问题，三大直接因素包括全要素生产率、资本投入、劳动投入。发展目标、直接因素与基本因素之间最基本的逻辑关系是，直接因素作用于发展目标，而基本因素作用于直接因素。当然，有时也会有基本因素直接影响发展目标的情况。经济发展的三大目标之间也会相互影响。经济发展目标中的教育与健康属于直接因素中劳动投入的人力资本部分，它们既是经济发展的手段，又是经济发展的目的，对于经济发展来说，它们既有工具性价值又有内在价值。例如，一个国家或地区居民的总体受教育程度会影响到一个国家或地区居民的人均 GDP，教育不平等状况又会影响到收入分配。反过来，一个国家或地区的收入分配结构又会影响到教育不平等的状况，总体人均收入也会影响到其教育发展程度。

地理位置、自然资源、历史、文化、制度与政府等属于影响经济发展的基本因素，它们主要通过影响直接因素而间接作用于经济发展目标。例如由历史、文化形成的价值观、生活态度，主要影响人们的劳动选择、储蓄选择以及创新选择从而影响经济发展。节俭的文化价值观，会使得人们在权衡当前消费与未来消费时更加倾向于储蓄，这样就会影响到一个国家的储蓄与资本形成，从而影响到这个国家的经济发展。

在整个分析框架中，全要素生产率居于重要核心的地位。一方面，全要素生产率是所有变量中最积极、最活跃、最主动的变量，它决定了其他因素作用的边界。全要素生产率的发展程度影响到资本形成的数量以及劳动投入的数量或质量。另一方面，全要素生产率也在经济增长或经济发展中处于中心位置。我们理解一个国家或地区的发展程度的时候，一个长期的甚至长期中唯一关键的变量其实就是全要素生产率。这一论断其实早已由新古典增长理论以及内生增长理论予以充分阐述（Acemoglu，2019）。在新古典增长理论中，推动长期人均 GDP 增长的不是资本形成也不是劳动投入，而是全要素生产率。所以不同国家或地区之间的长期发展差异也就是全要素生产率的差异。内生增长理论其实解释了全要素生产率差异的内生来源。

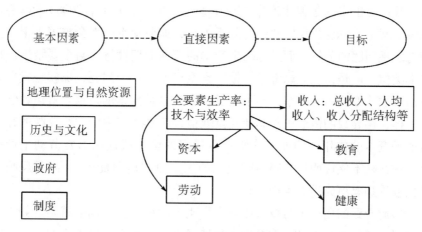

图 2-1　经济发展的分析框架

第二节　全要素生产率及其结构性含义

一、从生产率到全要素生产率

所谓生产率，本质上都是指产出与投入之比。在分析问题的时候，我们经常要问：不同国家之间，哪个的生产率更高？农村部门和城市部门之间，哪个的生产率更高？简单来讲，同样多的投入能生产出更多产出的生产率更高，或者生产同样产出而投入更少者生产率更高。但不幸的是，我们遇到的现实问题中往往很难找到"同样的投入"和"同样的产出"。我们遇到的现实问题中往往是投入和产出都不同的个体，因此，我们需要找到一个比较的基准，即求出产出与投入的比值，也就是求出平均来讲每一单位投入的产出，这就是生产率。

当只用一种投入生产一种产出时，用产出与投入之比来衡量生产率是准确无误的，因为这种计算度量出了这种要素的所有贡献，乃至说明了导致这种单一产出增加的全部原因。但是，当用多种投入来生产一种产出时，例如，农民用劳动和土地两种投入生产粮食，仍然用上述方式来计算生产率，即用产出除以投入，就变得不好操作且意义含糊了。第一个问题就是，现在有两种甚至更多种投入，产出（如果只有一种的话）除以哪一种投入呢？实际上，产出除以任一要素投入如劳动投入都是可以的，但是这时候计算出来的是偏生产率或单要素生产率（科埃利，2008）。单要素或偏要素生产率也是我们常用的分析工具，如劳动生产率会被用于很多微观与宏观问题的分析，而且劳动生产率的短期周期性行为与全要素生产率非常类似。但是，从概念上讲，偏要素生产率有一个问题，那就是我们计算出来的比如劳动生产率，并不能反映劳动这种要素的贡献。就像数学求导一样，偏导数的值取决于其他变量取值，劳动生产率的大小反映的往往可能是资本的作用，例如人均资本存量多的国家或地区通常劳动生产率高，这往往不能说明这些国家或地区的工人更"聪明能干"，而是反映了他们或许拥有更先进的生产工具。

由此导致的用产出与投入比来度量生产率的第二个问题就是，如果我们想要要素的全部贡献，在多投入的情况下，需要把不同类型的投入进行某种"加总"平均，这样计算出来的生产率就不会出现与上面那种偏要素生产率类似的不能反映要素贡献的情况。这种将不同类型要素投入加总平均计算总的或综合的投入水平，以此去除产出，计算出来的就是全要素生产率。经济增长核算或发展核算其实就是一种"加总"的方法。

二、全要素生产率的内涵

从上文的分析中我们知道了全要素生产率的本质含义：将所有要素投入加总起来看成综合的或者全部的投入要素，全要素生产率就是考察这种综合的或全部的生产要素的生产效率问题，即用产出去除以这种综合的投入要素。这实际上也是"全要素生产率"名字的来源。

上面的概念实际上也说明了全要素生产率的测量方法。那么，这样测量出来的全要素生产率可能包括哪些具体内容呢？如果全要素生产率提高了，代表了什么具体含义呢？在具体政策层面我们应该怎样提高全要素生产率呢？要回答这些问题，实际上需要对全要素生产率进行解剖。在宏观经济学和发展经济学中，测量全要素生产率时往往考虑的是资本和劳动这两种初始投入。笼统来讲，和上面描述的单要素生产率含义一样，这种方法测量出来的全要素生产率实际上包括两层含义。首先，如果生产过程中的"全部要素"只有资本和劳动这两种要素，那么全要素生产率就是指这种资本和劳动综合在一起的"全部要素"的贡献，其中既有综合要素数量的贡献，又有综合要素组合方式的贡献。其次，如果生产过程中还包括了除资本和劳动外的其他要素，则全要素生产率也反映了除资本与劳动这两种要素外所有其他能影响产出或经济增长因素的贡献。所以，从实证或测量的角度来看，全要素生产率实际上是一个非常含混的概念，包括了很多具体的内容。以下一些具体内容被认为是全要素生产率来源的重要组成部分。

第一，最容易想到的应该是全要素生产率包括了技术进步。全要素生产率的这种含义在经济学文献以及一些公开报道中是最为常见的，乃至在经济增长理论文献中，全要素生产率与技术进步具有同等含义。但是我们并不能认为全要素生产率就是通常语义下的技术进步，有时在技术进步与全要素生产率之间画等号，是因为在理论文献中这种区分有时没有必要甚至没有可能①。此外，全要素生产率中技术进步这一构成部分具有特别的含义，其一，它是全要素生产率中最活跃、变动最大的部分；其二，技术进步的程度决定了其他构成部分尤其是效率的变动范围。

第二，全要素生产率中还应该包括效率改进这个部分。效率改进可能来自宏观社会管理的进步，这使得更多资源被用生产性活动，也可能来自企业微观管理的进步，这导致企业更高效率的生产。许多经济理论文献发现，效率改进对全要素生产率的贡献比技术进步还大。当然，如果是依赖实证证据做出这一结论的，那么就需要对全要素生产率进行分解，至少分解为纯技术与效率两部分。需要注意的是，在有些文献中，如在随机前沿分析的实证研究文献中，"效率"实际上是指我们这里说的全要素生产率。我们这里说的效率是指在同样的技术和投入要素情况下产出的不同，也就是实际生产活动位于生产可能性边界之内，或者说资源未被有效利用。哪些具体原因会阻碍生产位于生产可能性边界上呢？其一是非生产性活动，也就是社会资源被浪费在没有实际投入生产的很多活动中；其二是资源未被充分利用，如"怠工"、失业、产能过剩。

第三，全要素生产率包括其他要素的价格变化带来的影响。虽然全要素生产率冠名"全部要素"，但是我们在实际测量中，并不可能包括所有生产过程中使用的投入要素，其原因在于数据的可获得性并不支持我们这么做。通常情况下，我们只能有劳动投入、资本投入的数据可用，而且劳动投入与资本投入的测量本身也会有相当大的误差。在生产过程中被使用的能源、信息以及其他中间投入，常常不在我们的考虑范围之内。当这种

---

① 在不引起混淆的语境下，后文中我们有时会按照文献习惯交互使用技术进步与全要素生产率，此时我们认为两者是等价的。

情况出现时，如果某种要素比如能源的价格上升，从企业角度来看，能源相对价格更贵了，因此在给定产出的情况下，需要重新调整投入要素的组合，比如会雇佣更多的劳动力或使用更多的资本投入。由于计算全要素生产率时投入要素中没有考虑能源，而只是考虑了资本和劳动，这样，产出不变，资本和劳动投入增加，从而我们计算出来的全要素生产率必定就下降了。

第四，全要素生产率包括运气好坏的成分。在经济发展的过程中，诸如历史背景、地理位置、气候与自然资源等运气因素有时也是相当重要的，因为它们会影响全要素生产率。历史背景会通过制度遗产对社会发展的进程与全要素生产率产生广泛的影响。地理位置的好坏会影响到贸易成本从而影响全要素生产率。气候与自然资源有时候就是生产过程中投入要素的一部分，比如农业生产本身就非常依赖土地与气候条件。

说明一下：后文中我们所论及的全要素生产率仅仅包括前两个部分，后两个部分超出了本书的研究范围。

三、全要素生产率的结构内涵

全要素生产率的结构内涵包括两个方面。第一个方面的结构性内涵是指全要素生产率会产生结构性影响。无论是技术进步还是效率提高，全要素生产率提升都会对经济生产结构与收入结构产生影响。经济中不同产业、不同企业或不同劳动者并不是同步接受全要素生产率提升，那些先受到全要素生产率正面影响的产业、企业或劳动者，他们的收入增长将快于经济中其余产业、企业或劳动者。全要素生产率第二个方面的结构内涵是指全要素生产率中会包括结构变化，或者说结构变化会影响全要素生产率。这是一种来自发展经济学家的观点，其根源在于发展经济学早期的"结构主义"学派。早期的结构主义学派认为，经济社会结构的变化会导致经济发展。结构变化提高全要素生产率的观点为早期的"结构导致发展"的观点提供了一个具体解释机制。结构变化提高全要素生产率的逻辑相当简单：当生产要素从低生产率部门或行业撤出并转移到高生产率部门或行业时，投入不变而产出增加，从而全要素生产率提高。

经济中存在全要素生产率不相等的部门或行业，这种非均衡现象被称为要素的部门配置不当（misallocation among sectors）。要素的部门配置不当广泛存在于经济中，在发展中国家尤其如此。它可以发生在城市地区和农村地区之间，也可以发生在一国任何的不同区域或行业之间。以城乡为例，城市地区更适应先进生产力的发展要求，农村地区的生产方式等各方面较为落后。

想要弄懂要素的部门配置不当为何会发生，我们需要先弄清楚这样一个问题：资源怎样在部门之间配置才能发挥出最大价值？我们以一个两部门或二元经济的劳动力配置不当为例来加以说明。假设经济体中只有部门A（传统部门）和部门B（现代部门）这两个部门，两个部门产出之和就等于经济体的总产出。假定各部门资本投入量保持不变或生产过程中仅有劳动投入。

图 2-2 显示的是部门之间劳动的均衡配置。横轴 L 代表各部门的劳动量，纵轴 Y 代表产出。两条劳动边际产量曲线分别是各部门劳动量的函数。从左往右表示部门 A 的劳动量，从右往左表示部门 B 的劳动量。两曲线交点 E 表示两个部门劳动边际产量相等且劳动力得到了充分利用，该点即两部门劳动量的最优配置。

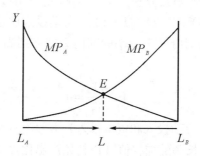

图 2-2　两部门劳动均衡配置

如果两部门劳动边际产量不相等，如配置在部门 A 的劳动量过多，部门 A 的劳动边际产量低于部门 B 的劳动边际产量，这时整个经济的净损失为图 2-3 中的黑色三角形。进一步来看，当劳动力从部门 A 转移到部门 B，部门 A 的劳动边际产量会增加而部门 B 的劳动边际产量会下降，但部门 B 产出的增加将大于部门 A 产出的降低量，经济总体产出的增加量等于图 2-3 中的黑色三角形，即不存在净损失。换句话说，结构优化（表现为就业结构的调整）提高了整个社会的产出，而劳动投入不变，从而使得整个社会的全要素生产率提高。

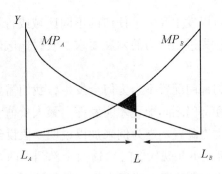

图 2-3　两部门劳动非均衡配置

我们以上是以劳动力配置不当为例直观说明了逻辑同样适用于"综合要素"配置不当，即适用于全要素生产率部门或行业之间的非均衡。我们通过一个简单的二元经济模型形式化这一观点（蔡晓陈，2012）。

假设经济中存在两个部门，例如现代部门和传统部门，或者非农业部门和农业部门，分别用下标 1 和 2 表示。两个部门都没有技术进步且各自完全竞争，它们的生产函数分别为 $Y_1 = A_1 K_1^{\beta_1} L_1^{1-\beta_1}$ 和 $Y_2 = A_2 K_2^{\beta_2} L_2^{1-\beta_2}$。初始时两个部门产出之比 $Y_1/Y_2 = \chi/(1-\chi)$，劳动投入比重 $L_1/L_2 = s/(1-s)$。如果劳动投入的 λ 比例由低生产率的部门 2 转移到高生产率的部门 1，则两部门产出增长率为

$$\frac{\Delta Y_1}{Y_1} = \left(\frac{s+\lambda}{s}\right)^{1-\beta_1} - 1, \frac{\Delta Y_2}{Y_2} = \left(\frac{1-s-\lambda}{1-s}\right)^{1-\beta_2} - 1 \qquad (2.1)$$

由于要素投入（劳动投入和资本投入）并没有变化，所以 TFP 增长率等于两个部门产出增长率的加权值（以初始产出比重作为近似的权重）：

$$TFP = \chi\left[\left(\frac{s+\lambda}{s}\right)^{1-\beta_1} - 1\right] + (1-\chi)\left[\left(\frac{1-s-\lambda}{1-s}\right)^{1-\beta_2} - 1\right] \qquad (2.2)$$

为考察核算 TFP 增长率与 λ 的关系，我们将式（2.2）对 λ 求导：

$$\frac{dTFP}{d\lambda} = \chi\ (1-\beta_1)\ \left(\frac{s+\lambda}{s}\right)^{-\beta_1}\frac{1}{s} + (1-\chi)\ (1-\beta_2)\ \left(\frac{1-s-\lambda}{1-s}\right)^{-\beta_2}\frac{1}{1-s}$$

$$\approx \frac{\chi\ (1-\beta_1)}{s} - \frac{(1-\chi)\ (1-\beta_2)}{1-s} \qquad (2.3)$$

当 $\dfrac{\chi}{1-\chi}\dfrac{1-s}{s}\dfrac{1-\beta_1}{1-\beta_2} > 1$ 时，式（2.3）为正。该不等式的左边其实是现代部门与传统部门劳动力平均收入之比。在发展中国家或地区，该比值一般大于 2，这一条件是得到满足的。所以，TFP 增长率与现代部门结构增长比率 λ 正相关，即产业结构优化引起全要素生产率提高。

第三节　结构刚性、协调失灵与产业结构优化

一、结构刚性与企业结构优化

在上述关于经济结构优化影响全要素生产率的讨论中，隐含着一个重要的前提，即原有经济结构（如产业结构）没有达到最优均衡配置状态。为什么资源在不同产业结构之间未能达到最优配置呢？具体来说，市场力量为什么未实现结构优化呢？本书认为，由于存在结构刚性，市场往往不能自发实现产业之间资源均衡配置。

结构刚性（structural rigidities）是指产业结构不能随着市场状况变化及时地做出灵活调整。由于不能及时调整，结果将是经济失衡，或称非均衡。和凯恩斯宏观经济学中的价格刚性（或价格黏性）类似，结构刚性源于结构调整过程中的摩擦力，即资源跨行业的流动性障碍。造成资源跨行业流动的障碍性因素可以大致分为经济因素和非经济因素。经济因素包括市场力量、要素供给价格弹性低以及市场需求弹性低等。有些行业容易形成市场垄断，因而对资源自由流动造成障碍。在发展中国家或地区，要素供给价格弹性低以及产品市场需求收入弹性低是较为严重、突出的障碍性因素。如果要素供给对价格的反应灵敏度较低，那么生产率更高的行业就无法吸引足够多的要素流入。例如，当我们想大力发展芯片产业时，会在一定时期内遇到芯片专业高素质人力资本匮乏的局面，即使其研发人员的工资比其他行业研发人员的工资高出很多，一时也无法供给足够多的专业人员。在经济发展的早期阶段，市场生产的产品大多以满足基本需要为主，其收入弹性和价格弹性相对较低，因而无法对市场价格变化和收入提高做出充分、及时的反应。所以，发展中经济体结构刚性较为严重。基于这一考虑，发展经济学文献一般认为，农业、运输和动力等行业通常被认为是最具刚性的（坎波斯，1966）。农业对于价格刺激（这表现在对农产品需求的增长上）的反应严重滞后于工业部门，因此往往产生导致发展中断的瓶颈。运输和动力等基础设施部门中的刚性典型地表现为生产缺乏灵活性，因而对价格反应滞后，并因投资不足而造成严重的发展瓶颈。

社会习俗、社会结构、文化与价值观乃至心理等非经济因素是发展中国家更为明显的结构刚性来源。例如，发展中国家的传统社会力量阻止人们外出务工，因而不能灵活应对市场需求引致的行业扩张变化。所以，即

便知道更换行业部门就业可以获得更好的工资待遇，一些人也不愿意更换。文化与价值观属于影响人们经济行为的长期潜在变量，也会导致结构刚性。市场经济的发展需要人们拥有把握经济机会的意识和能力，但是有些宗教信仰并不鼓励甚至阻碍人们的逐利行为。如果社会公众普遍信奉这种阻碍人们逐利行为的宗教，则会阻碍人们去把握经济结构调整优化从而获得更多经济利益的机会。

我们将企业调整产业结构的成本称为结构调整成本[①]，也就是上述经济与非经济因素导致企业从低生产率行业转换到高生产率行业的成本。正如俗话所言，"男怕入错行"，入错行后改行需要付出成本，一个企业也是如此。除了以上障碍性因素导致结构调整成本之外，企业要想从一个行业转换到另一个行业，也必然会有投资调整成本、人力资本重新匹配成本、学习成本、信息搜集与处理成本等方面的成本。为阐述结构调整成本的作用，我们建立一个结构调整固定成本模型。假设生产过程中只有一种投入 L，企业由低生产率的传统行业转换到高生产率的现代行业所需固定成本为 $\bar{c}$ 单位个 L。

企业在低生产率行业的生产函数 Y_L 为

$$Y_L = A_L L \tag{2.4}$$

企业在高生产率行业的生产函数 Y_H 为

$$Y_H = A_H(L - \bar{c}), \ L \geqslant \bar{c} \tag{2.5}$$

式（2.5）中的 A_H 大于式（2.4）中的 A_L，即结构优化后的行业边际生产率行业高于传统行业。这一简化模型可用图 2-4 表示。OC 为传统行业的生产函数曲线，OAB 为现代行业的生产函数曲线，OA 为现代行业的固定成本。

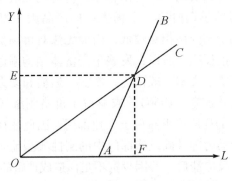

图 2-4　结构刚性与产业结构调整

---

① 在宏观经济学中，价格调整成本被喻为"菜单成本"。

从企业自身利益考虑，企业由传统行业主动进行产业结构升级为现代行业的条件为

$$L \geqslant \frac{A_H \bar{c}}{A_H - A_L} = \frac{1}{(A_H - A_L)/A_H} \bar{c} \qquad (2.6)$$

这一条件告诉我们，企业仍然留在传统行业与产业结构调整成本正相关，与现代行业生产率领先传统行业的程度 $(A_H - A_L)/A_H$ 负相关。或者说，产业结构调整成本越高，企业越不愿意主动进行产业结构升级；现代行业生产率领先传统行业越多，企业越愿意主动进行产业结构升级。

我们也可以从产出角度来看企业主动进行产业结构升级的条件。当产品需求满足如下条件时企业主动进行产业结构升级的条件为

$$Y \geqslant \frac{A_L A_H \bar{c}}{A_H - A_L} = \frac{A_L}{(A_H - A_L)/A_H} \bar{c} \qquad (2.7)$$

式（2.7）告诉我们，市场需求越大，企业越有可能主动进行产业结构升级。在经济较为不发达时，市场需求较小，因而难以使企业主动进行产业结构升级。企业主动进行产业结构升级的门槛市场需求量与产业结构调整成本正相关，与现代行业相对于传统行业的技术提升幅度 $(A_H - A_L)/A_H$ 负相关，与传统行业自身效率正相关。

二、协调失灵与结构优化

以上是单个企业在面临不变产业结构调整成本条件下进行产业结构调整的模型。下面我们扩展这一模型，在整个经济范围内考察产业结构调整成本变动以及产业结构调整的动态变化。当考虑整个经济范围内的问题时，我们不得不考虑企业或产业之间的相互作用。在经济发展过程中，不同企业或行业之间存在金融外部性（pecuniary externalities）。金融外部性不同于一般的外部性或技术外部性（technical externalities）。技术外部性是指经济行为主体对其他的经济行为主体产生直接的、未通过市场体系反映的影响。比如上游排污企业向河里排放污水使得下游的粮食歉收，粮食减产就是直接的影响也就是技术外部性。这种外部性并没有通过市场体系发挥作用，而是直接在生产技术上就使得粮食减产了。金融外部性是通过市场发挥作用的外部性，协调失灵会放大企业结构调整障碍的作用效果。例如，某一个生产纸张的企业扩大产能，那么它就会增加对纸浆的需求，从而使得整个市场的纸浆需求增加，生产纸浆的企业销售与利润增加。

金融外部性使得不同企业或行业之间的经济行为形成互补性。简单来说，这是一个行业的某种经济行为，比如投资或者是产业结构升级的行为，会受到其他行业的正面影响。例如，计算机硬件需要软件进行配合才能发挥计算机的作用，这就是互补性。实际上，任何产业链之间的关系都会形成互补性，如成品制造商需要原材料以及半成品企业的配合。

如果某一企业或产业的上游或/和下游产业大都完成了产业结构的升级，那么这个企业或产业进行产业结构升级的成本会下降或升级激励增加，从而这个产业也更有可能进行产业结构升级。推广来看，某一个企业或产业进行产业结构升级，依赖于整个经济已完成产业结构升级的程度，即整个经济的平均产业结构程度。

我们把以上的观点用图 2-5 来进行描述。在图 2-5 中，横轴代表整个经济的平均产业结构升级程度，纵轴代表某个企业产业结构升级的意愿程度，曲线代表企业 i 按产业结构升级意愿对经济平均产业结构升级程度的依赖关系。该曲线的斜率为正，意指企业 i 产业结构升级意愿正向依赖于整个经济的平均产业结构升级程度。我们假设这个曲线是 S 形的，这表明随着经济平均产业结构升级程度的增加，企业 i 的产业结构升级意愿先递增后递减，这反映了产业结构升级学习效应先增后减。

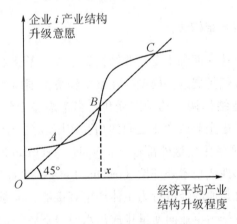

图 2-5　互补性与产业结构升级

图 2-5 中有三个均衡点，其中均衡点 A 和均衡点 C 是稳定的均衡点，前者为低产业结构水平均衡点，而后者为高产业结构水平均衡点。均衡点 B 是不稳定的。当整个经济的平均产业结构升级程度低于 B 点所指示的 x 的时候，从企业 i 自身的利润最大化的角度来看，整个经济将收敛于低产

业结构升级程度均衡点 A；而当整个经济的平均产业结构水平高于 x 的时候，整个经济将收敛于高产业结构水平均衡点 C。所以，x 是整个经济产业结构升级的门槛值。当已有的产业结构升级程度超过门槛值时，经济会自发实现高水平产业结构稳定均衡，而低于该门槛值时，经济陷入低水平产业结构稳定均衡。

经济会陷入低水平产业结构稳定均衡源自互补性导致的协调失灵。企业或行业之间产业结构升级会相互激励，但是当整个经济的产业结构升级水平较低时，这种正向的激励较弱，从单个企业角度来看，它就不愿意进行产业结构升级，或者说它通过产业结构升级获得的收益不足以弥补产业结构升级的成本。每一个企业都这样来考虑，从而会使得企业自发实现一个低水平产业结构稳定均衡。如果企业之间能够相互协调，统一行动，都进行产业结构升级，那么就会越过门槛值，最终实现高水平产业结构稳定均衡。但是在市场经济体制中，企业自发做出决策，企业之间、产业之间都缺乏相互协调，从而出现了一个从事后来看对每个企业来说都不利的均衡结果。

以去过剩产能、去库存为例。当经济中产能过剩、库存积压严重时，如果政府不积极协调并采取果断措施，通过产业链的供求传递，单个企业缺乏产业结构升级意愿，最终将窒息整个经济的活力。政府主动去过剩产能、去库存等措施，既降低了企业结构调整成本，又会使得别的企业面临更为灵活的供求关系，从而有利于激活整体经济的活力。

这一模型告诉了我们市场自发实现产业结构升级的条件，同时也告诉了我们，当经济发展程度较低下的时候，在自发市场状态下，有时候企业或行业之间的相互配合、相互匹配会存在障碍。不同行为主体之间不能相互协调从而产生一个不利的均衡结果，这就是协调失灵。不同产业之间的协调失灵，使得生产链中某一产业想要转型升级时，既缺乏市场需求，又会有投入品购买困难。

以上关于结构刚性、产业调整成本、互补性协调失灵与产业结构调整模型的讨论表明，市场不能自发实现产业结构优化。这一模型的重要的政策含义为：

第一，在推动产业结构升级时，政府应当积极行动。比如，政府可以支付初始的产业结构调整成本，这样可以降低企业支付的产业结构调整成本，增加企业产业结构升级的激励，从而最终实现产业结构的升级。政府支付的初始成本，从高水平产业结构稳定均衡所获得的收益来看，可能是比较低的。实际上政府仅仅只需要增强企业进行产业结构升级的意愿，使得它越过一定的门槛值，随后的高水平均衡就可以靠市场自发力量来实现了。

第二，政府在推动产业结构升级时，应当在大多数行业同时推动，或者说提升推动产业结构升级的协调能力，而不是只推动某一个行业的产业结构升级。如果只有某一个行业实现了产业结构升级，而整个经济的产业结构水平不高，那么其他行业进行产业升级的意愿就会比较弱，从而不利于带动整个经济的产业结构升级。从推动产业结构升级的产业优先顺序来看，应当首先推动那些联系效应强的产业优先升级，因为这样能够带动更多的其他行业的产业结构主动升级。

第三，降低单个企业产业结构调整成本应该是多方面的。由于结构刚性来源多样，企业结构调整成本也表现为不同的形式，因此应该从多个方面制定政策来降低产业结构调整成本。这些政策既可以从降低企业研发的成本、降低企业购买先进技术设备的成本等方面入手，也可以从提高企业学习意愿和学习能力等方面入手，还可以从提高行业市场规模等方面入手。

第三章　有偏技术进步理论

上一章我们分析了技术进步或全要素生产率结构性两个方面的含义，即全要素生产率的结构性影响与结构性来源（结构优化提升全要素生产率），本章讨论技术进步或全要素生产率第三重结构性含义——技术进步自身的结构，即技术进步偏向。本章为后续第四章、第五章实证分析的理论基础。

第一节　概论与图形解释

一、有偏技术简要学说史

有偏技术（biased technology），又先后被称为诱导性技术（induced technology）和有方向的技术（directed technology）。20 世纪 60 年代，经济学家们用创新可能性边界与最优化方法来研究技术进步方向，试图在研究技术进步问题中导入部分供给方面的因素。其核心思想是：企业对技术进步方向的选择是为了最大限度地减少成本（Kennedy，1964）。因此，当劳动要素价格相对于资本要素价格上升时，企业会选择劳动节约型技术进步（Ahmad，1966；Fellner，1961）。偏向型技术进步逐渐改变要素收入分配份额，直至在任何一种要素上进行改进而减少的单位生产成本都相同时为止。此时，要素收入份额趋于稳定（Kennedy，1964）。然而 20 世纪 60 年代的技术偏向理论缺乏微观基础，因此并没有引起更多关注。

技术进步偏向研究的再次复兴与 Acemoglu 的一系列研究（Acemoglu，1998、2002、2003b、2007、2009；Acemoglu、Gancia、Zilibotti，2015；Acemoglu、Zilibotti，2011）有关。Acemoglu 借用产品多样性内生技术进步分析框架构建技术进步偏向性选择的微观基础，探讨了相对要素供给变动对技术进步偏向的影响机制。要素相对供给变化通过价格效应（price effect）和市场规模效应（market size effect）这两种相反机制影响技术进步偏向：价格效应激励相对稀缺要素互补的技术进步，而市场规模效应则激励相对丰裕要素互补的技术进步，而最终何种效应发挥主导作用则取决于两种要素之间的替代弹性。

在实证方面，David 和 Klundert（1965）首次以不变替代弹性 CES 生产函数为模型对美国 1899—1960 的技术进步方向进行了测定，结果显示技术进步总体上是偏向资本的。在测量方法选择上，早期大多采用基于生产函数优化一阶条件的单方程估计技术进步偏向（Sato、Morita，2009）。但是单方程估计难以识别替代弹性和技术进步的作用，目前采用较多的是 Klump（2007）的化 CES 生产函数三方程标准供给面系统模型。León-Ledesma 等（2010）通过蒙特卡洛实验方法检验了不同估计模型的差异后发现，标准化的供给面系统模型回归结果更接近实际数据产生过程。大部分的实证测定结果表明，技术进步总体上呈资本偏向性（Klump，2007；Sato、Morita，2009）。资本要素是可以累积的，而劳动力的再生产相对难度更大，因此从长期来看，劳动是更为稀缺的要素，其结果是导致偏向资本要素的技术会有更广阔的应用前景，技术进步会偏向资本要素。

二、技术进步偏向的直观含义

从最一般的意义上来讲，有偏技术进步是指这一种技术进步偏向于或者是有利于整体某一种经济行为或者某一部分。整体经济的某一部分，可以按照生产结构中的产出来划分，也可以按照投入来划分。因此，技术进步偏向，通常可以分为部门或产业偏向以及要素使用偏向。技术进步的部门或产业偏向是指，技术进步使得特定的部门或者产业增长更快，从而使得该部门或产业的产出比重增加。比如，出口部门技术进步一般会比非出口部门增长更快，因此在一定时间内，出口部门产出不断增长，其从业人员在国民收入中所占的比重相应增加。再如，技术进步会使得第二产业在整个经济中的比重先增加后下降，第三产业在整个经济中的比重逐渐增加，而第一产业在整个国民经济中所占比重逐渐下降。

技术进步要素使用偏向是指技术进步有利于资本投入还是劳动投入。是否"有利于"的判断方法之一是看产出。这是一种在"技术适宜性"语境下表述的技术进步偏向。如在一些发展经济学文献中（姚洋，2018），如果技术进步使得不同资本密集程度（资本—劳动比，也就是劳均资本存量）下的产出都同比例增加，则这种技术进步是无偏或中性的，意即技术进步既不偏向资本要素也不偏向劳动要素，不管在哪种资本—劳动比之下都一样能提高产出；反之，如果技术进步只能在资本密集程度较高的情况下才能提高产出，而在资本密集程度较低的情况下不能提高产出或提高很少产出，则技术是偏向资本的，或者说技术更适宜于在发达的经济体中使用，而不适宜于在发展中经济体使用。那些偏向资本密集程度高的技术，对较为落后的发展经济体是没有太大作用的，技术偏向较高资本密集程度，原因在于技术要素与资本要素具有互补性。

技术进步要素偏向的另外一种"有利于"特定要素的标准是看产出回报，这也是当前文献中最常见的技术进步偏向的含义。如果技术进步使得劳动（资本）在一定约束条件下获得的回报增多，则称这种技术进步为劳动（资本）偏向型的。当技术进步引起的生产函数的扩张不影响收入分配时，技术进步就是无偏或中性的。我们在下文中所使用的技术进步偏向就是指的这种收入分配意义上的要素使用偏向。

显而易见，无论何种意义上的技术进步偏向，其实刻画的都是技术进步的结构性特征。例如，技术进步的部门偏向揭示的是技术进步在不同产业部门之间的结构性差异。最后一种技术进步偏向，即收入分配意义上的技术进步偏向，揭示的是技术进步对收入分配或者说劳动者福利的影响。

三、技术性定义

令生产函数为

$$Q = F(K, L; t) \tag{3.1}$$

式（3.1）中，Q、F、K、L、t 依次为总产出、生产函数、资本投入、劳动投入、时间，生产函数满足通常的标准假设且对三个自变量是连续的，即边际产品为正且递减。在要素市场完全竞争条件下，实际工资和利率或租金率分别为

$$W = F_L(K, L; t) \tag{3.2}$$

$$R = F_K(K, L; t) \tag{3.3}$$

资本报酬份额（资本报酬占总产出比例）为

$$\pi = \frac{RK}{Q} \tag{3.4}$$

劳动者报酬份额为

$$1 - \pi = \frac{WL}{Q} \qquad (3.5)$$

相对份额即劳动者报酬份额与资本报酬份额之比为

$$\frac{1 - \pi}{\pi} = \frac{WL}{RK} \qquad (3.6)$$

值得注意的是：劳动者与资本报酬份额之比的变动方向与劳动者报酬份额（资本报酬份额）的变动方向完全一致（相反），也就是说，劳动者报酬份额（资本报酬份额）提高，则劳动者与资本报酬份额之比也提高（下降），反之则反是。

技术进步的中性与偏向性定义为

$$I = \frac{\partial(WL/RK)/\partial t}{WL/RK}\bigg|_P \qquad (3.7)$$

技术偏向指标 I 刻画的是技术进步引起的相对份额变化百分率。当 $I = 0$ 时，技术进步引起的相对报酬份额是没有变化的，我们就说沿着这条指定的路径，技术进步是中性的。当 $I < 0$ 时，技术进步引起的劳动相对报酬份额下降，技术进步在收入分配意义上是有利于资本的，因此这种技术进步是资本偏向型的。在这种技术进步下，任一相对工资率（相对于资本报酬而言）下的劳动的相对需求下降，我们有时候又说技术进步是劳动节约型的（labor saving）或资本使用型的（capital using）。反之，当 $I > 0$ 时，技术进步引起的劳动相对报酬份额上升，技术进步在收入分配意义上是有利于劳动要素的，因此这种技术进步是劳动偏向型的。在这种技术进步下，劳动的相对需求上升，我们又可以说这时技术进步是劳动使用型的（labor using）或资本节约型的（capital saving）。后两种情况的技术进步就是有偏的，前者是偏向资本的技术，后者是偏向劳动的技术。

式（3.7）中的 P 是指定的偏导数的路径。生产函数上不同的点在生产函数曲线整体移动时技术进步偏向的取值不同，因此需要指定特定的移动路径。在技术进步的偏向性的定义中，指定的路径是非常关键的，不同的路径导致不同意义上的技术进步偏向性的定义。常见的有三种类型的特定的指定路径，也就是三种划分技术进步中性—非中性的方法。第一种特定的路径是不变的资本—产出比，如果沿着这条路径 $I = 0$，则我们称技术进步是哈罗德中性的，否则技术进步就是哈罗德意义上的有偏的。第二种特定的路径是不变的资本—劳动比，如果沿着这条路径 $I = 0$，则我们称技术进步是希克斯中性的，否则技术进步就是希克斯意义上的有偏的。第三种特定的路径是不变的劳动—产出比，如果沿着这条路径 $I = 0$，则我们称技术进步是索洛中性的，否则技术进步就是索洛意义上的有偏的。三种中性技术进步分别对应着技术进步的纯劳动增进型表述、等劳动与资本增进型表述以及纯资本增进型表述。

四、图形解释

下面我们用生产函数图形和等成本函数图形的变化来解释哈罗德中性技术进步和希克斯中性技术进步所代表的生产函数移动和单位要素价格前沿的移动（单位等产量曲线与单位要素价格前沿类似）。首先以集约形式表述上述生产函数为

$$q = f(k;\ t) \tag{3.8}$$

式（3.8）中 $q = Q/L$，$k = K/L$。

（一）希克斯技术进步偏向性

希克斯技术进步偏向性在资本—劳动比不变的条件下进行比较。定义工资—租金比为

$$\omega = W/R \tag{3.9}$$

则有

$$\frac{WL}{RK} = \omega/q \tag{3.10}$$

图 3-1 中展示了工资—租金比的直观解释。资本租金率为直线 AB 的斜率，租金为 CD，单位劳动投入的报酬即工资为总产出减去资本租金，在图中为 OC 的长度，由此，OB 的长度即为工资—租金比。

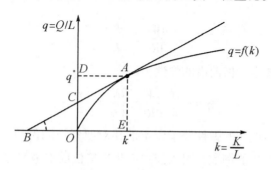

图 3-1　工资—租金比

在资本—劳动比不变条件下，相对要素报酬份额不变意味着工资—租金比不变。以图形表示为（见图3-1），在同一资本—劳动比 $k = \alpha$ 处，切线交于横轴左侧同一位置。如上所述，该点到原点距离即为资本（工资）—租金比，此时技术进步是希克斯意义上中性的。希克斯意义上的资本偏向（劳动节约）型技术进步，意味着技术进步使得资本—租金比上升，生产函数上移后在同一竖直位置上的切线与横轴交点更靠左，生产函数显得更为平坦。

萨缪尔森（Samuelson，1962）证明了新古典生产函数存在一个对偶（dual）的成本函数，该成本函数和生产函数具有同样的齐次性和凹性。单位成本函数为

$$C(W, R) = 1 \qquad (3.11)$$

见图3-2，该单位成本函数定义了实际要素价格前沿（real factor-price frontier）。

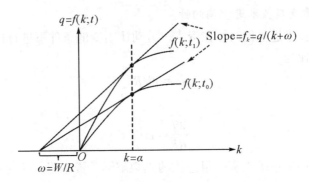

图3-2　希克斯中性技术进步下的生产函数变化

由于有

$$\frac{\mathrm{d}W}{\mathrm{d}R} = -\frac{K}{L} \qquad (3.12)$$

所以得到要素价格前沿的弹性为

$$\eta = -\frac{R}{W}\frac{\mathrm{d}W}{\mathrm{d}R} = \frac{RK}{WL} = \frac{\pi}{1-\pi} \qquad (3.13)$$

即要素价格前沿曲线的弹性等于资本的相对要素报酬份额，或等于劳动的相对要素报酬份额的倒数。引入技术进步后单位成本函数为

$$C(W, R; t) = 1 \qquad (3.14)$$

如果技术进步是希克斯中性的，则单位成本函数为

$$C(W/a(t),\ R/a(t)) = 1 \qquad (3.15)$$

由生产函数的一次齐次性（规模保持不变），成本函数也是一次齐次的，所以式（3.15）变为

$$C(W,\ R) = a(t) \qquad (3.16)$$

希克斯中性技术进步的成本曲线移动如图 3-3 所示。希克斯中性技术进步意味着工资率增长率和租金率增长率均与 $a(t)$ 增长率相等。在图 3-3 中，$\eta_0 = A_0B_0/B_0C_0 = A_1B_1/B_1C_1 = \eta_1$，不同成本函数在位于通过原点的射线上的点的切线斜率相等。

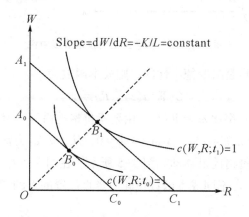

图 3-3　希克斯技术进步中性的单位成本曲线变化

（二）哈罗德技术进步偏向性

如上所述，哈罗德意义上的资本偏向性定义指定的路径是资本—产出比不变。以集约型生产函数表述资本报酬份额为

$$\pi = f_k \frac{k}{q} \qquad (3.17)$$

哈罗德技术进步中性意味着资本报酬份额不随时间变化。从式（3.17）可以看出，π、f_k、k/q 三者为常数并非完全独立的，其中任何两个为常数则第三者也为常数。因此，哈罗德技术进步中性意味着从原点出发的任意射线上不同生产函数的斜率是相同的（见图 3-4）。哈罗德意义上的资本偏向型（劳动节约型）技术进步意味着同一射线上，位于同一过原点射线上技术进步后的生产函数上的点的斜率大于技术进步前。

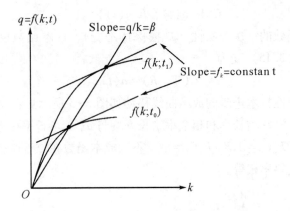

图 3-4　哈罗德意义上的技术进步中性

如果技术进步是哈罗德中性的，则成本函数为

$$C(W/a(t),\ R)=1 \tag{3.18}$$

定义工资—利率比 $\omega \equiv W/R$。由要素价格前沿等于资本相对报酬份额可以证明，$\dot{\omega}/\omega=\dot{k}/k=\dot{a}/a$，$\dot{\omega}/\omega-\dot{k}/k=0$，从而 k/ω 为常数。哈罗德中性技术进步的要素价格前沿移动如图 3-5 所示。在图 3-5 中，$\eta_0=A_0B_0/B_0C_0$ $=A_1B_1/B_1C_1=\eta_1$，不同成本函数在同一竖直位置的点的切线交于横轴。

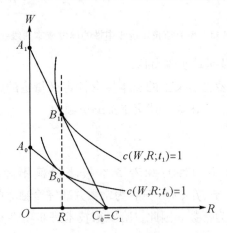

图 3-5　哈罗德中性技术进步的等成本函数

第二节 技术进步偏向的新古典增长理论

一、二维技术进步的要素增进型表述

技术进步通常表述为要素增进型，即将生产函数 $Q = F(K, L; t)$ 表述为

$$Q = G(b(t)K, a(t)L) \tag{3.19}$$

要素增进型技术进步的意思是这种技术进步"好像"是放大了的或者说增进了要素的数量一样的作用效果。我们不能排除有些技术进步类型与特定要素效率或质量相联系，但是这种要素增进型表述并不必然意味着特定技术进步类型就是特定要素效率或质量的增加。实际上，这种表述方式仅是一种比喻或折算方式。以劳动增进型技术进步为例，它不一定是劳动者技能与人力资本的提高，仅仅从技术进步的作用后果来看，它与劳动投入数量是同样的效果。我们通过这种构建方式，将技术进步折算成一单位劳动小时数的效率单位含量，这样在我们构建生产函数关系时，不同年份的投入—产出函数关系稳定不变，而不是每年用一个不同的生产函数。"就像对打字机的设计做出的改进。这种改进使得一名秘书在一年时间过去之后能抵得上 1.04 名秘书。要紧的是，应当有一种依照时间进程而不是资本存量来计算劳动的效率单位的方法，以便投入—产出曲线在这种计算方法中根本不会改变。"①

此外，值得注意的是，如果我们的分析仅仅限于稳态，所要求的技术进步类型必定是纯劳动增进型的。反过来，资本增进型技术进步，是刻画稳态偏离状态的投入—产出函数关系的一种方法。

下面的引理刻画了如上要素增进型技术进步表述的充分必要条件（Burmeister E.、A. R. Dobell，1970）。

引理1：给定前述的新古典生产函数，假定存在以时间为唯一自变量的一阶连续可导的函数 $a(t)$、$b(t)$（时间为 0 时其取值为 1），一阶齐次函数 G。原新古典生产函数可以表述为要素增进型，即 $Q = F(K, L; t) =$

---

① 罗伯特·M. 索洛. 经济增长理论：一种解说 [M]. 2 版. 朱保华，译. 上海：格致出版社，2015.

$G(b(t)K,\ a(t)L)$，当且仅当如下条件成立时：

存在一个以时间为唯一自变量的一阶连续可导的函数 $h(t)$，该函数使得 $h(t)k$ 为常数（不随时间变化）时，要素份额不变。

由这一引理我们可以得到如下结论：

（1）技术进步如果是哈罗德中性的，生产函数可以被表述为劳动增进型 $Q=G(K,\ a(t)L)$，即 $b(t)=1$。

（2）技术进步如果是希克斯中性的，生产函数可以被表述为等劳动增进型 $Q=G(b(t)K,\ a(t)L)=a(t)G(K,\ L)$，即 $a(t)=b(t)=1$。

（3）技术进步如果是索洛中性的，生产函数可以被表述为劳动增进型 $Q=G(a(t)K,\ L)$，即 $a(t)=1$。

哈罗德技术进步偏向性、希克斯技术进步偏向性与索洛技术进步偏向性三者之间有一定的联系。Diamond（1965）证明了，两要素生产函数的技术进步可由如下两个指数进行刻画：

$$\tau \equiv \frac{F_t}{F}=\frac{f_t}{f} \tag{3.20}$$

$$D \equiv \frac{\dfrac{\partial(F_L/F_K)}{\partial t}}{F_L/F_K}=\frac{F_{Lt}}{F_L}-\frac{F_{Kt}}{F_K} \tag{3.21}$$

其中式（3.19）为技术进步的数量度量指数，式（3.21）度量了投入不变（当然，技术进步的资本—劳动比不变）情况下资本劳动替代率的变化。资本—劳动比不变时的资本劳动替代率等于工资—利率比，因此，D 是希克斯意义上的技术进步（劳动）偏向指数，即 $D=I_{\text{Hicks}}$，而且 $D<0$、$D=0$、$D>0$ 依次可以表示为劳动节约型、中性、劳动使用型技术进步。类似地，哈罗德技术偏向指数可定义为

$$I_{\text{Harrod}}=\left.\frac{\dfrac{\partial(Q/K)}{\partial t}}{Q/K}\right|_{F_K} \tag{3.22}$$

相对份额变化百分率可表述为

$$\dot{\omega}/\omega-\dot{k}/k=-\frac{\dot{\pi}/\pi}{1-\pi}(\dot{f}/f-\dot{k}/k-\dot{f_k}/f_k)=(1/\sigma-1)\dot{k}/k+D \tag{3.23}$$

其中 σ 为两种要素之间的替代弹性。如果技术进步是要素增进型的，我们可以得到

$$D-I_{\text{Hicks}}=(1/\sigma-1)(\dot{b}/b-\dot{a}/a) \tag{3.24}$$

$$I_{\text{Solow}} = - (1/\sigma - 1)\dot{a}/a \qquad\qquad (3.25)$$

$$I_{\text{Harrod}} = (1/\sigma - 1)\dot{b}/b \qquad\qquad (3.26)$$

由此我们得到

$$I_{\text{Harrod}} + I_{\text{Solow}} \equiv I_{\text{Hicks}} \equiv D \qquad\qquad (3.27)$$

如果替代弹性 $\sigma = 1$，生产函数实为柯布—道格拉斯型（简称 C-D 生产函数），技术进步同时属于三种中性类型。

二、创新可能性边界

本节中所说的新古典增长理论，既指生产函数满足标准新古典假设，又指技术进步是外生的。也就是说，两种要素增进型的技术进步仅为外生变量，它们如何来的则不是新古典模型考虑的问题，企业进行技术进步率最大化时仅需从这些不知来源的外生变量中进行最优选择。下一节我们在内生模型框架下讨论技术进步偏向的内生选择问题。

和新古典增长理论核心假设是外生技术进步一样，技术进步偏向的新古典增长理论（Drandakis、Phelps，1966；Kennedy，1962；von Weizsäcker，1966）的核心在于外生的技术创新可能性边界（invention possiblity frontier）。我们知道，生产可能性边界衡量的是在给定资源约束情况下，生产不同产出的权衡组合关系。与之类似，创新可能性边界衡量的是，在创新投入给定的情况下，生产出来的（发明出来的）不同新技术之间的权衡组合关系。创新可能性边界假设两种技术的创新可能性边界具有与生产可能性边界类似的形状，大多是凸向外的，表示创新的成本递增。

假设技术进步是两种要素的增进型，即生产函数为 $Q = G(b(t)K, a(t)L)$，定义 a 的增长率为 $\hat{a}$，其他变量类似。假定技术可能性边界满足

$$\hat{a} = \psi(\hat{b}) \qquad\qquad (3.28)$$

$$\psi'(\hat{b}) < 0 \qquad\qquad (3.29)$$

$$\psi''(\hat{b}) < 0 \qquad\qquad (3.30)$$

$$\psi(0) > 0 \qquad\qquad (3.31)$$

创新可能性边界即为式（3.28）的关系，即劳动增进型技术进步速度与资本增进型技术进步速度之间的关系。如图 3-6 中曲线所示，它表明在现有技术与既定投入研发资源条件下，两种技术进步之间的权衡关系。式（3.29）意味着，由于研发资源是既定的，所以要想提高资本增进型技术进步率需要以牺牲劳动增进型技术进步率为代价。式（3.30）则意味着这

种代价随着资本增进型技术进步率的逐渐提高而递减。遵循 Drandakis、Phelps（1966）的证明，假定 $\hat{a} < \hat{a}_0$，$\hat{b} < \hat{b}_0$，这两个不等式和式（3.31）为边界条件，它们保证了图形如通常情况处于第一象限。

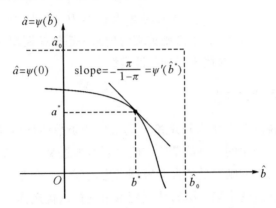

图 3-6　创新可能性边界与要素增进型技术进步的最优选择

企业最大化技术进步率 $\tau \equiv F_t/F$，这等价于最大化给定要素价格的成本削减率（Samuelson，1965），即使得资本租金率增长率和劳动工资率增长率的加权和下降幅度最大化，权重为各自两种要素收入的比重。所以，总体技术进步率 τ 等于两种要素增进型技术进步率之加权和，权重为各自两种要素收入的比重。最优化问题为

$$\max \tau = \pi \hat{b} + (1 - \pi) \hat{a} \tag{3.32}$$

$$\hat{a} = \psi(\hat{b}) \tag{3.28}$$

求解这个最优化问题得到

$$\frac{\partial \tau}{\partial b} = \pi + (1 - \pi) \frac{\partial \hat{a}}{\partial \hat{b}} = \pi + (1 - \pi) \psi'(\hat{b}) = 0 \tag{3.33}$$

由于

$$\frac{\partial^2 \tau}{\partial \hat{b}^2} = (1 - \pi) \psi''(\hat{b}) < 0 \tag{3.34}$$

所以最优解存在且唯一。由式（3.33）得到最优化的一阶条件为

$$\psi'(\hat{b}) = -\frac{\pi}{1 - \pi} \tag{3.35}$$

这一最优化问题的解本质上就是创新可能性边界式（3.28）与总和技术增长率式（3.33）相切，即两者斜率应当相等，如图 3-6 所示。由这一优化问题我们可以得到如下结论：

第一，创新生产可能性边界整体外移，则技术增长率提高。从图形上看，创新可能性边界外移，它将与式（3.33）相切于使得总和技术进步率 τ 更大的位置。如图 3-7 所示，最优选择点由（a^*，b^*）向右上移动到（a^{**}，b^{**}），两种要素增进型技术进步增长率都提高了，总体技术进步率随之提高。创新可能性边界代表着既定研发资源下两种技术生产的总体效率，它向外移表明无论是资本增进型技术还是劳动增进型技术的生产效率都整体提高了，也就是社会整体创新效率提高了。

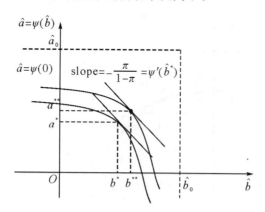

图 3-7　创新生产可能性边界外移的影响

第二，如果生产可能性边界变得更为陡峭，即资本增进型技术进步率相同时的生产可能性边界斜率增大，则意味着增加一个单位的资本增进型技术进步率所需放弃的劳动增进型技术进步率增多，最优选择点左移，生产可能性边界变得更为陡峭。其实质是在现有研发条件下，研发劳动增进型技术相对变得越来越困难，代价越来越大，与此相对应，研发资本增进型技术变得相对容易。从直观上看，其必然结果是劳动增进型技术进步会减缓。但是这一点似乎主要是技术进步方面的科学属性，毕竟经济学家无法了解哪种技术进步难度更大。

第三，作为这个模型中的相对价格，要素收入分配比例的变化对于两种要素增进型技术进步率都有影响。对式（3.35）求导得到

$$\frac{\mathrm{d}\hat{b}}{\mathrm{d}\pi} = -\frac{1}{(1-\pi)^2 \psi''(\hat{b})} > 0 \tag{3.36}$$

$$\frac{\mathrm{d}\hat{a}}{\mathrm{d}\pi} = \psi'(b) \frac{\mathrm{d}\hat{b}}{\mathrm{d}\pi} = -\frac{\pi}{1-\pi} \frac{\mathrm{d}\hat{b}}{\mathrm{d}\pi} < 0 \tag{3.37}$$

$$\frac{\mathrm{d}\hat{h}}{\mathrm{d}\pi} = -\frac{1}{(1-\pi)^3 \psi''(\hat{b})} > 0 \qquad (3.38)$$

式 (3.38) 中 $\hat{h} = \hat{b} - \hat{a}$。以上三个式子告诉我们，如图3-8所示，最优选择点由 (a^*, b^*) 向外移动到 (a^{**}, b^{**})，收入分配结构本身会影响到技术进步结构。具体而言，资本（劳动者）报酬份额提高会刺激资本增进型技术进步，但是会阻碍劳动增进型技术进步，从而对资本—劳动相对技术进步速度有正面影响。

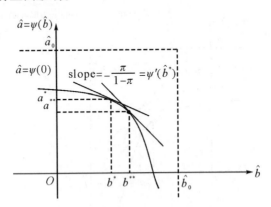

图3-8　收入分配对技术进步偏向的结构性影响

三、技术进步偏向与稳态增长

假设储蓄率外生，则总量资本存量的增长率为

$$\hat{K} = s\frac{Q}{K} - \delta \qquad (3.39)$$

劳均资本存量的增长率为

$$\hat{k} = \hat{k}(x) = sx - (n + \delta) \qquad (3.40)$$

式 (3.40) 中 $x = q/k$ 为资本—产出比的倒数，n 为人口增长率或劳动投入增长率，δ 为瞬时折旧率。由于 $\hat{q} = \pi\hat{k} + \tau$，所以有

$$\hat{x} \equiv \hat{q} - \hat{k} = \tau - (1 - \pi)\hat{k} \qquad (3.41)$$

将式 (3.40) 和 $\tau = \pi\hat{b} + (1 - \pi)\hat{a}$ 代入式 (3.41) 得到：

$$\hat{x} = \hat{x}(x, \pi) = \tau(\pi) - (1 - \pi)\hat{k}(x) = \pi\hat{b}(\pi) + (1 - \pi)\hat{a}(\pi) - (1 - \pi)[sx - (n + \delta)] \qquad (3.42)$$

类似地，我们可以用 x 和 π 来表述 $\hat{\pi}$：

$$\hat{\pi} = (1 - \pi)(1 - \frac{1}{\sigma})(\hat{k} + \hat{b} - \hat{a})$$

$$= (1 - \pi)(1 - \frac{1}{\sigma})[\hat{k}(x) + \hat{b}(\pi) - \hat{a}(\pi)] \quad (3.43)$$

$$= (1 - \pi)(1 - \frac{1}{\sigma})[\hat{k}(x) + \hat{h}(\pi)] = \hat{\pi}(x, \pi)$$

式（3.42）和式（3.43）两式构成的微分方程组确定了模型中的变量行为，当且仅当 $\hat{x}(x, \pi) = \hat{\pi}(x, \pi) = 0$ 时确定了唯一的均衡值。下面我们用通常的相位图（图3-9和图3-10）方法考察这个唯一均衡点的稳定性（替代弹性等于1的特殊情况不在下面的讨论之列，否则资本报酬份额不变）。

首先我们来看相位图中分界线 $\hat{\pi}(x, \pi) = 0$，由式（3.43）得到这一分界线意味着

$$\hat{k} = \hat{a} - \hat{b} = -\hat{h} \quad (3.45)$$

或者为

$$x = \frac{1}{s}[(n + \delta) - \hat{h}(\pi)] \equiv N(\pi) \quad (3.46)$$

式（3.46）意味着对于任一 π 值有

$$\hat{\pi}[N(\pi), \pi] = 0 \quad (3.47)$$

由式（3.38）可得

$$N'(\pi) < 0 \quad (3.48)$$

同样的道理，我们再来考虑另一条分界线 $\hat{x}(x, \pi) = 0$，它意味着

$$\hat{k} = \frac{\tau}{1 - \pi} \quad (3.49)$$

或者为

$$x = \frac{1}{s}\left(\frac{\tau(\pi)}{1 - \pi} + (n + \delta)\right) = \frac{1}{s}\left(\frac{\pi}{1 - \pi}\hat{b}(\pi) + \hat{a}(\pi) + (n + \delta)\right) \equiv M(\pi)$$

$$(3.50)$$

式（3.50）意味着对于任一 π 值有

$$\hat{x}[M(\pi), \pi] = 0 \quad (3.51)$$

由于均衡时有 $\hat{x}(x, \pi) = \hat{\pi}(x, \pi)$，所以

$$M(\pi) - N(\pi) = \frac{\hat{b}(\pi)}{s(1 - \pi)} = 0 \quad (3.52)$$

在 $\pi = \pi^*$ 时也成立，因此 π^* 为 $\hat{b}(\pi) = 0$ 的解。由式（3.36）可知这

个方程的解是唯一的，且

$$\hat{b}(\pi) \gtreqless 0 \quad 当 \quad \pi \gtreqless \pi^* \tag{3.53}$$

由此可得 x^* 也唯一且由下式确定：

$$x^* = M(\pi^*) = N(\pi^*) \tag{3.54}$$

对式（3.50）求导得到

$$M'(\pi) = \frac{1}{s} \Big[\frac{\hat{b}(\pi)}{(1-\pi)^2} + \frac{\pi}{1-\pi} \frac{d\hat{b}}{d\pi} + \frac{d\hat{a}}{d\pi} \Big] \tag{3.55}$$

将式（3.37）代入式（3.55）得到

$$M'(\pi) = \frac{\hat{b}(\pi)}{s(1-\pi)^2} \tag{3.56}$$

式（3.53）意味着

$$M'(\pi) \gtreqless 0 \quad 当 \quad \pi \gtreqless \pi^* \tag{3.57}$$

为了确定两条分界线的精确形状，我们需要讨论 $M(\pi)$ 和 $N(\pi)$ 的极限行为。由图 3-9 可知，当 $\pi \to 0$ 时，$\hat{a} \to \hat{a}_0$, $\hat{b} \to -\infty$；当 $\pi \to 1$ 时，$\hat{a} \to -\infty$, $\hat{b} \to \hat{b}_0$。由此得到

$$\lim_{x \to 0} N(\pi) = \frac{g+\delta}{s} + \frac{1}{s} \lim_{x \to 0} [\hat{a}(\pi) - \hat{b}(\pi)] = +\infty \tag{3.58}$$

$$\lim_{x \to 1} N(\pi) = \frac{g+\delta}{s} + \frac{1}{s} \lim_{x \to 1} [\hat{a}(\pi) - \hat{b}(\pi)] = -\infty \tag{3.59}$$

尽管 $M(\pi) = \frac{1}{s} \Big[\frac{\pi}{1-\pi} \hat{b}(\pi) + \hat{a}(\pi) + (g+\delta) \Big]$ 的精确极限行为难以确定，但是有

$$M(\pi^*) < \lim_{x \to 0} M(\pi) < \frac{1}{s} [\hat{a}_0 + (g+\delta)] \tag{3.60}$$

$$\lim_{x \to 1} M(\pi) > M(\pi^*) \tag{3.61}$$

由式（3.53）可以确定稳态值，该式意味着 $\hat{b}(\pi^*) = 0$。由式（3.35）和式（3.50）两式得到：

$$\pi^* = \frac{\psi'(0)}{\psi'(0) - 1} = \text{constant}(0 < \pi^* < 1) \tag{3.62}$$

$$x^* = \frac{1}{s} [\psi(0) + (g+\delta)] = \text{constant} > 0 \tag{3.63}$$

进一步地，由式（3.40）可得

$$\hat{k}^* = \hat{k}(\pi^*) = \psi(0) > 0 \tag{3.64}$$

式（3.64）表明均衡时劳均资本存量以 $\psi(0)$ 的常率增长。

最终可得相位图如图 3-9 和图 3-10 所示。两图的差异在于替代弹性是大于 1 还是小于 1。由式（3.43）可知，替代弹性大于 1 与小于 1 决定了在分界线 $N(\pi)$ 两侧水平方向上运动方向的差异。

如果替代弹性 $\sigma < 1$，在分界线 $N(\pi)$ 的左侧是向右运动的，在分界线 $N(\pi)$ 的右侧则向左运动，如图 3-9 所示。此时均衡点是全局稳定的，也就是说，随着时间趋向于无穷，从任一有经济意义的起始点开始，经济都会趋向于稳态。

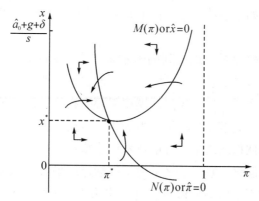

图 3-9 替代弹性小于 1 时的相位图

如果替代弹性 $\sigma > 1$，在分界线 $N(\pi)$ 的左侧是向左运动的，在分界线 $N(\pi)$ 的右侧则向右运动，如图 3-10 所示。此时均衡点是鞍点稳定的，除非初始点位于图中带箭头的粗线所示的稳定臂上，否则随着时间趋向于无穷，π 将趋向于 0 或者 1。

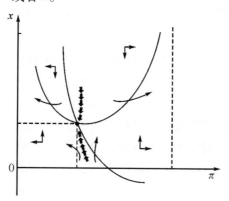

图 3-10 替代弹性大于 1 时的相位图

对于以上模型，我们进行如下三点探讨性分析或扩展。

第一，模型在 $\sigma < 1$ 时的稳定性的直观解释。对此问题，索洛（Solow，1967）给出了一个直接解释。如果我们以效率单位来定义资本—劳动比 $z \equiv (bK)/(aL)$，那么有

$$当且仅当 \sigma \lessgtr 1 时，\frac{\mathrm{d}\pi}{\mathrm{d}z} \lessgtr 0 \qquad (3.65)$$

假定 $\sigma < 1$ 且初始时 z 不断增加，那么 π 开始时是减少的，且从图3-9可知，只有 $\hat{a}$ 增加且 $\hat{b}$ 减少时 τ 才会最大。显而易见，这个过程将一直持续到满足如下条件时为止：①z 为常数；②$\hat{b} = 0$；并且③$\hat{a} = \hat{k}^* = \psi(0)$。

第二，这个模型对于观察到的卡尔多事实（Kaldor，1963）提供了另一种解释。卡尔多事实表明，长期中资本产出比、要素报酬份额等比例是稳定的。这一现实观察告诉我们，模型需要平衡增长路径的结果。如果技术进步是一维的，通常需要满足技术进步哈罗德中性的假设，只有在这一假设下才能有长期稳态结果。有偏技术进步模型提供了一种不依赖于哈罗德中性技术进步假设的解释。这个模型的渐进结果会有 $\hat{b}(\pi) = 0$。但是需要注意的是，这不是模型的假设。进一步来看，式（3.62）和式（3.64）表明，资本报酬份额 π^* 和资本—劳动比增长率 $\hat{k}^*$ 仅仅分别依赖于 $\psi'(0)$ 和 $\psi(0)$ 而都与储蓄率 s 无关。另外，式（3.63）表明，均衡时的产出—资本比 x^* 依赖于储蓄率 s 且 $\mathrm{d}x^*/\mathrm{d}s < 0$。因此，只要 $\sigma < 1$，对于任一位于 0 和 1 之间的储蓄率 s 都存在一个对应的稳定的平衡增长路径，并且当储蓄率变化时，只有 x^*（而非 π^* 和 $\hat{k}^*$）随着不同平衡增长路径而变化，这一平衡增长路径都是稳定的。满足下述条件下的平衡增长路径使得人均消费最大化：

$$r \equiv F_K - \delta = n + \hat{a} = n + \psi(0) \qquad (3.66)$$

$$s = \pi^* = \frac{\psi'(0)}{\psi'(0) - 1} \qquad (3.67)$$

第三，储蓄的结构性变化不会影响该模型的数量含义。前面我们假设工人和利润获得者的储蓄率是相等的，总储蓄为 $s(RK + WL)$。如果我们代之以两阶级（two class）模型假设（Samuelson、Modiglianli，1966）：总储蓄为 $s_r RK + s_w WL$，其中 s_r 和 s_w 分别为利润获得者和工人的储蓄率，且 $s_r \geqslant s_w$。前文中稳态结论仍然成立，且

$$\pi^{**} = \frac{\psi'(0)}{\psi'(0) - 1} \tag{3.68}$$

$$\hat{k}^{**} = \hat{a}(\pi^{**}) = \psi(0) \tag{3.69}$$

$$x^{**} = \frac{\psi(0) + (g + \delta)}{s_r \pi^{**} + s_w(1 - \pi^{**})} \tag{3.70}$$

式（3.70）揭示了两阶级假设下有偏技术进步模型的结构性含义。两阶级储蓄率对稳态的产出—资本比影响并非对称的，这从该式分母可以直接得出。要使得总体储蓄率和稳态产出—资本比不变，利润获得者储蓄率下降（提高）一个百分点，工人储蓄率需要提高（降低）$\dfrac{\pi}{1 - \pi}$ 个百分点。

第三节　技术进步偏向的内生增长理论

第二节刻画的新古典有偏技术进步模型有如下缺陷：

第一，技术进步是外生的，无须投入资源。尽管模型中能考察一些经济变量对于两种要素增进型技术进步的影响，但是技术供给本身是外生的，模型其实无法考察技术进步以及偏向的来源。

第二，创新可能性边界实际上是静止且固定的。由于没有引入创新资源，也没有考虑研发效率本身，所以"研发生产函数"固定不变，这导致了模型中创新可能性边界不会向外移动。

第三，模型中关于两种要素增进型技术进步的权衡假设其实是静态的。模型假设，企业技术进步最大化任一时点的综合技术进步率或者等价地在既定要素价格前提下最大化当期的要素价格削减率。这一假设其实意味着行为主体的短视行为，因为要素价格随着技术进步偏向的变化会发生改变，因此较为合理的假设应当是最小化要素成本的现值和。

第四，技术进步非常有可能是体现型的，或者称之为嵌入型的（embodied），尤其是嵌入在新的资本设备之中。尽管固定不变的创新可能性边界与对总和技术进步率瞬时最优化的假设，可能是在非常短的时期内对现实的一个合理的模拟，但要素增进型的技术进步假设可能是非常危险的，因为在非常短的时期内技术进步非常有可能体现在资本设备之中。要素增进型技术进步假设，其实是认为技术进步与要素投入无关，等产量线随着时间推移（即技术进步）是独立于要素投入的。但是在现实中，尤其是在非常时期，很多技术进步是与资本设备投入相关联的，或者说技术进步是嵌入在资本设备之中的，比如买了一台新的 EVU 光刻机，这是一个新的资本设备，其中也包含了新的技术。

下面的技术进步偏向内生增长模型，能够在某种程度上修补除了体现型技术进步以外的其余三点缺陷。

一、创新的经济学特性

一个国家通过自己进行技术创造和学习他国技术都能提高其技术水平。技术创造即创新，在创意（ideas）的指导下，通过研发创新活动，实现技术进步或技术变革。技术转移就是通过知识产权交易、成套设备引进等方式从国外购买技术。创意、创新和技术当然有所区别，但是它们是紧密相连的，而且三者都在一定程度上属于"知识"，所以在经济学研究中经常会交互使用。

创意就是想法，它能够改进生产技术。一个好的创意能使给定的一组投入得到更多或者更好的产出。在历史上，金属锡的使用就是一个很好的例子。古代的青铜时代（约公元前 3000 年至公元前 600 年）即因锡和铜的合金而得名。锡和铜被广泛用于武器、盔甲和诸如盘子、杯子之类家用物品的制造。锡的毒性很低，在 19 世纪早期，人们发现镀锡的钢可以用来制造气密的食品容器，直到今天你仍然可以在货架上找到锡罐。在过去的 20 年前，人们发现锡和铟的混合会产生一种既透明又导电的固溶体，它现在被用来制造智能手机的触摸屏。关于锡的不同"想法"使我们可以使用相同的投入来生产更高效用的产出。在上述的生产过程中，每个新的想法都会使生产函数中的技术指标有所提高。

创新的第一个性质是获得创意也就是创新活动需要投资，需要投入研发人员和/或资金，这意味着创新是有机会成本的。从历史上来看，这一点并非毋庸置疑且历来如此的。在 19 世纪中叶之前，技术进步主要是能工巧匠在生产过程中"妙手偶得"的产物，而不是人们有目的、有意识地投入大量资源开展研发活动的结果。只有现代社会的创新才呈现出投入资源庞大、人力资本密集以及系统性等特征。

非竞争性是创意或技术的第二个重要经济学性质。Romer（1986）在关于新增长理论或内生增长理论的第一篇开创性文献中，引入了规模报酬递增（increasing returns to scale）的假设，他认为这一假设成立背后的逻辑是知识可以被视为企业经济活动的副产品。他在其后的内生增长模型中，都遵循了同样的经济学思想：技术或创意非竞争性是重要的。规模报酬递增是许多内生增长模型的共同内核。

技术与传统的生产要素（如物质资本和人力资本）的区别在于，传统的生产要素是以实物形式存在的（即使是人力资本也是存在于人的大脑中的），但技术本质上是缺乏具体形式存在的思想、知识。这意味着，如果一个人正在使用一把锤子之类的实物资本，那么另一个人就不能使用它，而一个人对某项技术的使用绝不会妨碍其他人同样有效地使用它。技术或创意的这种属性其实就是非竞争性（参见图3-11）。但是技术载体通常是竞争性的。比如，下一代计算机芯片的设计，一旦这个设计方案本身被创造出来，全国甚至全世界的工厂都可以同时使用这种方案来生产计算机芯片，但前提是它们手头要有设计方案。可见，记录了设计方案的稿纸或某种电子存储介质是竞争性的，一个拥有理解该方案技能的工程师是竞争性的，但设计方案——创意（或创新、技术）本身却是非竞争性的。非竞争性为技术转移提供了可能性，因为技术先进国家将技术转移给别国后不影响它继续使用该技术的生产效率（如果技术受让国和技术转出国用这一技术生产出来的产品在同一市场上有竞争，当然会影响技术转出国的经济利益，但这属于另外范畴的事情）。

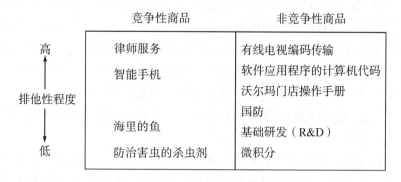

图3-11　商品的经济属性

非竞争性商品的一个重要含义或推论是，它供给额外一个单位的边际成本很小甚至为0。这一论断还意味着运用新技术生产产品的生产函数是规模报酬递增的。例如，生产第一支某种疫苗的成本高昂，因为包括了初始的研发投入，但是此后的每支疫苗生产边际成本很低，仅包括一些材料、管理之类的费用。也就是说，生产过程中有一个较高的固定成本和较低的边际成本。假设研发和生产中用到的唯一生产要素为劳动投入，生产函数为 $y = f(x) = 100 * (x - F)$，y、x、F 分别为产出、边际劳动投入和固定劳动投入。这个生产函数的图形如图 3-12 所示。在这个生产函数中，规模报酬递增表现为劳动生产率递增，如 OB 代表的劳动生产率高于 OA。规模报酬递增导致企业在销售商品时无法按照边际成本定价，所以，企业要弥补所有成本，必须要有一定的市场力量支持。

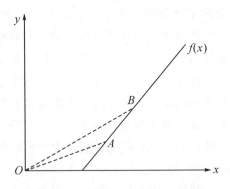

图 3-12　固定成本与规模报酬递增

创意或技术的第三个重要经济学性质是市场规模效应（market size effect）。这一性质是技术或创意非竞争性的一个直接推论。如果技术或创意已被发现，那么它可以被多次重复使用于生产过程中。因此，潜在的被使用的次数，也就是市场规模的大小，是决定技术获利多少以及创新激励程度的重要变量，也是研发企业在一开始决定是否进行创新时考虑的重要变量。马修·博尔顿的话很好地体现了这种观点。马修·博尔顿是著名发明家詹姆斯·瓦特的商业伙伴。马修·博尔顿在写给瓦特的信中说："只为三个国家制造你们的发动机是不值得的，但我发现为全世界制造发动机是非常值得的。"[①]

创意或技术的第四个重要经济学性质是技术的低度排他性。有形的物品较容易阻止别人在未获得允许的情况下使用它，因此一般具有较高的排他性。但是创意或技术本身属于知识，难以从物理形态上排除别人使用。然而，记录技术的载体通常是有形的物品如纸张或某种电子存储介质，它

---

①　ACEMOGLU D. Introduction to Modern Economic Growth [M]. Princeton：Princeton University Press，2009.

们的可排他性更高。总体来看，技术具有低度排他性。低度排他性促进了知识的外溢，但是降低了创新的激励。创新的非竞争性往往与低度排他性联系在一起，为了促进创新，就需要采取一定的措施来保护发明者的利益。例如，发明下一代计算机芯片的企业或者是在一段时间内把设计方案锁在保险箱里（保密），或者是通过版权和专利制度授予获得版权或专利的发明者有权利对其创新方案的使用进行收费（专利体系）。

二、基本概念与内生技术进步偏向的基本原理

我们用如下的不变替代弹性（CES）生产函数来解说二维的技术进步偏向基本概念：

$$Y(t) = [\alpha (A(t)K(t))^{\frac{\sigma-1}{\sigma}} + (1-\alpha)(B(t)L(t))^{\frac{\sigma-1}{\sigma}}]^{\frac{\sigma}{\sigma-1}} \quad (3.71)$$

在式（3.71）中，t 为隐含的时间，α、$(1-\alpha)$ 表示生产过程中两种要素的相对重要性或要素密集度。对于式（3.71）我们做如下评论与分析：

第一，生产函数中使用的两种要素为资本 $K(t)$ 和劳动 $L(t)$。资本和劳动投入是总量生产函数中的两种初始投入，在这个总量生产函数中我们忽略了其他中间投入。此外，如果两种要素为资本和劳动，显而易见，我们研究的只能是技术进步的资本与劳动之间的偏向。但是在近期的文献中，研究更多的是劳动投入中的两个不同组成部分——有技能的劳动投入和无技能的劳动投入之间的偏向关系。下面我们建立的概念与模型同样适用于技术进步的技能与无技能劳动偏向。

第二，在函数中引入的技术进步为要素增进型，即劳动增进型技术 $A(t)$ 和资本增进型技术 $B(t)$。第二节中讨论的增进型技术进步表述方式的局限性同样适用于下面的讨论，特别是增进型技术进步表述方式本质上认为技术属于非体现型的这一重要缺陷。但是从目前的分析数学方法来看，这些缺陷与不足是我们进一步深入分析不得不承担的代价，因为如果不对技术表述方式进行如此限定转而采取更一般的表述方式，后续的分析是不可能进行的。

第三，$\sigma \in (0, \infty)$ 为资本和劳动投入这两种要素之间的不变替代弹性。替代弹性是生产函数乃至增长理论中一个非常关键的概念。将新古典增长模型与之前的哈罗德—多玛增长模型相比较，其改进之处就在于它改变了后者关于要素完全不可替代的假设，从而使得生产函数展现出更大的灵活性。La Grandville（2009）对这一概念进行了详细解读，我们在此仅

讨论与我们研究主题相关的几点。

首先，替代弹性反映了两种要素之间的替代可能性，可以将它视为边际技术替代率的升级版。替代弹性值越大，两种要素之间的可替代性越强。当 $\sigma = \infty$ 时，资本和劳动是完全替代的，等产量线为负斜率的直线；当 $\sigma = 1$ 时，生产函数为 C-D 型；当 $\sigma = 0$ 时，生产函数为列昂惕夫型，也就是哈罗德—多玛增长模型的生产函数假设，此时两种要素完全互补或者完全不可替代，也就是说，我们不能通过增加劳动减少资本来维持不变的产量。

其次，替代弹性本身是与收入分配相联系的，它可以被视为资本—劳动比（或劳均资本存量）对于工资—资本租金比的弹性，即工资—租金变动一个百分点所引起的资本—劳动比变动的百分数。由于我们的技术进步偏向也是从对收入分配的影响来定义的，所以从理论上讲，这一直观认识会使得我们后面要想完全将替代弹性与技术进步偏向的影响分开是相当困难的。

最后，替代弹性是生产技术的一部分（La Grandville，2009）。不变替代弹性仅仅是对问题本身的一种简化。替代弹性非常可能依赖于所使用的生产技术本身（也就是生产函数）以及资本—劳动比的大小。当替代弹性是生产技术的一部分时，我们所用的 CES 生产函数假设替代弹性等于一个外生参数，显而易见这是对问题的简化。这一简化有将替代弹性对收入分配与经济增长的影响归为技术进步或技术进步偏向的潜在风险。尤其是在实证研究过程中，对于如何识别、分离替代弹性与技术进步的影响，尽管我们已经做了相当大的努力，如下一章中我们所用的三方程标准化供给面系统模型，但是其中仍然含有一些较为严格的假设，并没有完全解决问题。

下文中我们讨论的技术进步偏向都是 Hicks 分类意义上的偏向。根据本章第一节的描述，按照 Hicks 技术分类标准，在资本—劳动比不变条件下技术进步对相对收入分配 $\dfrac{\pi}{1-\pi}$ 的影响等价于技术进步对资本租金率—工资率的影响。因此，为了与实证文献一致，我们稍稍改变一下原来技术进步偏向的定义，定义技术进步的资本偏向指数为

$$\frac{\partial(MP_K/MP_L)}{\partial(A/B)} = \frac{\alpha}{1-\alpha}\left(\frac{\sigma-1}{\sigma}\right)\left(\frac{K_t}{L_t}\right)^{-\frac{1}{\sigma}}\left(\frac{A_t}{B_t}\right)^{-\frac{1}{\sigma}} \qquad (3.72)$$

式（3.72）对技术进步偏向的定义本质上与式（3.7）和式（3.20）

是相同的，但是与式（3.7）和式（3.20）有三点差异。第一点差异是，式（3.7）和式（3.20）技术变化所引起的变化是相对收入分配份额的变化，但是式（3.72）中技术进步所引起的变化是相对资本边际产品之比的变化。在上文的分析中我们已经阐述了两者的等价性。第二点差异是，式（3.7）和式（3.20）所引起的变化是劳动报酬与资本报酬份额之比，即 $\frac{1-\pi}{\pi}$，但是式（3.72）所引起的变化本质上是资本报酬与劳动报酬份额之比，即 $\frac{\pi}{1-\pi}$，所以它们形式上互为倒数，它会导致式（3.7）和式（3.20）中计算出的偏向指数与式（3.72）互为相反数。这一形式上的变化主要是出于下文中公式推导的方便的考虑。按照式（3.72）计算出来的偏向指数被定义为资本偏向指数，意即当我们按照式（3.72）计算出的资本偏向大于 0 时，技术进步后的收入分配有利于资本要素，我们称此时为资本偏向的；反之，如果资本偏向小于 0，则为劳动偏向指数。第三点差异是，式（3.7）和式（3.20）中的技术进步是一维的，式（3.72）中的技术进步是二维的。在式（3.72）中，技术变化其实定义的是相对资本—劳动相对技术变化，即技术进步的相对要素增进型。

从式（3.72）我们可以得出两点结论：

第一，由于式（3.72）中 $\left(\frac{\sigma-1}{\sigma}\right)$ 因素可正可负，技术进步的相对要素增进型与技术进步偏向类型并不一致。式（3.72）其他相乘项在一般取值范围内都是正的。当替代弹性大于 1 时，相对技术进步提高了相对边际产品，从而技术进步偏向于进步更快的要素；反之，当替代弹性小于 1 时，相对技术进步降低了相对边际产品，从而偏向于技术进步更慢的生产要素。后一点看上去有点奇怪，但是其机制是很清楚的。如果替代弹性小于 1，则表明资本与劳动总体上是互补的，因此当资本增进型技术进步相对增加时，即 $A/B > 0$ 时，对劳动的相对需求增加，或者说对劳动的需求的增加比对资本需求的增加更多，从而劳动边际生产率增加更多，从而式（3.72）小于 0。这一点在 $\sigma \rightarrow 0$ 时可以更为清楚地展现，此时生产函数是列昂惕夫型的，均衡时有 $\alpha(A(t)K(t)) = (1-\alpha)(B(t)L(t))$，从均衡位置开始，$A(t)$ 的小幅度增加将导致 K 大量过剩，从而使得资本租金率迅速降为 0。

第二，资本偏向指数与 $\dfrac{K_t}{L_t}$ 负相关。它刻画了相对边际产品（价格）与相对要素数量之间的负相关关系，即相对要素需求曲线向右下倾斜。

与新古典技术进步偏向假设要素增进型技术进步外生不同，以 Acemoglu（2002、2009）的一系列文献为代表的内生技术进步偏向理论考察技术进步偏向受到相对要素供给量的影响。具体来说，内生技术进步偏向理论考察，当劳动力相对紧缺从而工资率上升时，是否必然会引发企业研发劳动增进型技术进步以节约劳动投入，从而导致技术进步劳动偏向。

企业决定研发何种要素增进型技术进步时，一般取决于两者的相对获利能力。如果资本增进型技术进步获利能力超过劳动增进型技术进步，那么投入资源研发资本增进型技术进步是合理的。两种要素增进型技术进步的相对获利能力取决于如下两个作用相反的效应：

价格效应：生产产品价格更高的技术，有更强的研发激励。

市场规模效应：开发具有更大市场的技术更有利可图。

以上两种效应中的价格效应自 Hicks（1932）以来一直受到关注。早期的文献中所称的"劳动节约型技术进步""诱导性技术进步"等概念其实阐述的就是价格效应。市场规模效应是内生技术进步偏向理论突出强调的机制。市场规模效应的作用方向与价格效应相反。因为从直观上来看，相对丰裕的要素才有更大的市场规模，但是其相对价格不是更高，而是更低。

内生技术进步偏向理论所得基本结论为：要素相对供给的增加通常会使得技术进步偏向该要素。也就是说，如果资本相对供给增加，这一条件的变化会导致技术进步更为偏向资本。这被 Acemoglu（2002、2009）称为弱均衡相对偏向。下一小节我们将借助 Acemoglu 模型探讨其中的含义。

三、Acemoglu 模型

在 Acemoglu 模型中，劳动投入和资本投入并不是我们关注的焦点，我们将它视为外生变量，转而聚焦于创新活动[①]。

---

① 沿用标准的 Ramsey 模型中家庭消费—储蓄权衡机制，可将资本投入内生化，但是模型均衡时需要增加一个条件，即储蓄分配于投资、用于研发和生产知识服务之间的均衡，具体来说，确定储蓄—投资额的可贷资金市场利率与研发市场确定的利率是相等的。

（一）家庭行为与最初产品生产

模型中代表性家庭一生效用最优化如下：

$$U = \int_0^\infty e^{-\rho t} \frac{c^{1-\theta} - 1}{1 - \theta} \mathrm{d}t \tag{3.73}$$

最终产品的生产函数为

$$Y(t) = [\gamma_K Y_K(t)^{\frac{\varepsilon-1}{\varepsilon}} + \gamma_L Y_L(t)^{\frac{\varepsilon-1}{\varepsilon}}]^{\frac{\varepsilon}{\varepsilon-1}} \tag{3.74}$$

其中 Y_K、Y_L 分别为资本和劳动密集型中间产品，ε 为两种中间投入品的替代弹性。最终产品每一时刻价格为 1，即以最终产品为计价单位，则两种中间投入之间的价格关系为

$$[\gamma_K^\varepsilon p_K(t)^{1-\varepsilon} + \gamma_L^\varepsilon p_L(t)^{1-\varepsilon}] = 1 \tag{3.75}$$

其中 $p_K(t)$、$p_L(t)$ 分别为 t 时刻资本和劳动密集型中间产品的价格。

整个经济的资源约束为

$$C(t) + X(t) + Z(t) = Y(t) \tag{3.76}$$

其中 $X(t)$ 为用于生产资本密集型中间产品 Y_K 与劳动密集型中间产品 Y_L 的知识服务总投入，$Z(t)$ 为用于研发机器设备的资源数量。两种生产最终产品的中间产品，即资本密集型中间产品 Y_K 与劳动密集型中间产品 Y_L，都是按照与通常的产品多样性内生增长模型生产最终产品同样的方法生产出来的，其生产函数分别为

$$Y_K(t) = \frac{1}{1-\beta} K^\beta \int_0^{N_K(t)} x_K(v, t)^{(1-\beta)} \mathrm{d}v \tag{3.77}$$

$$Y_L(t) = \frac{1}{1-\beta} L^\beta \int_0^{N_L(t)} x_L(v, t)^{(1-\beta)} \mathrm{d}v \tag{3.78}$$

（二）知识服务的生产优化

式（3.77）和式（3.78）中的 x_K 和 x_L 分别为用于生产 Y_K 和 Y_L 的知识服务投入[1]，$N_K(t)$、$N_L(t)$ 为机器设备的种类或生产复杂性程度。以上两式表明，劳动（资本）与对应的知识服务一起共同生产劳动（资本）密集型中间产品。提供知识服务的方式或生产函数非常简单，即：有了相应的发明专利后，投入 $1-\beta$ 单位的最终产品可以生产出 1 单位的资本设备服务，每一种知识服务仅有唯一的生产提供者，也就是说知识服务市场是完

---

① 在类似的标准产品多样性模型中，这种建模方式被称为"投入多样性的实验室装备模型"（lab-equipment model of growth with input varieties），意指投入研发的资源为物质产品而非科研人员，我们这里所称的"知识服务"在标准模型中被称为"中间投入"。

全垄断的。用于提供知识服务的资源总量为

$$X(t) = (1 - \beta)\left(\int_0^{N_L(t)} x_L(v, t)\mathrm{d}v + \int_0^{N_K(t)} x_K(v, t)\mathrm{d}v\right) \tag{3.79}$$

提供两类知识服务的企业的利润最大化问题为

$$\max\left\{\pi_K(t) = p_K(t)Y_K(t) - R(t)K - \int_0^{N_K(t)} p_K^x(v, t)x_K(v, t)\mathrm{d}v\right\} \tag{3.80}$$

$$\max\left\{\pi_L(t) = p_L(t)Y_L(t) - w(t)L - \int_0^{N_L(t)} p_L^x(v, t)x_L(v, t)\mathrm{d}v\right\} \tag{3.81}$$

其中，$p_K^x(v, t)$、$p_L^x(v, t)$ 分别为 v 时刻已发明出来的机器设备在 t 时刻提供两类知识服务的价格。式（3.77）和式（3.78）确定了两类知识服务的需求，结合市场需求求解这两个优化问题得到

$$x_K(v, t) = K\left(\frac{p_K(t)}{p_K^x(v, t)}\right)^{1/\beta} \tag{3.82}$$

$$x_L(v, t) = L\left(\frac{p_L(t)}{p_L^x(v, t)}\right)^{1/\beta} \tag{3.83}$$

$$p_K^x(v, t) = p_L^x(v, t) = 1 \tag{3.84}$$

$$\pi_K(t) = \beta K p_K^{1/\beta}(t) \tag{3.85}$$

$$\pi_L(t) = \beta L p_L^{1/\beta}(t) \tag{3.86}$$

此时知识服务市场是垄断的，因此其价格超过边际成本，即 $1 > 1 - \beta$。知识服务生产企业获得式（3.85）和式（3.86）确定的利润，这一利润激励了企业的生产研发。式（3.84）告诉我们，知识服务价格不随其获得发明专利的时间变化，也不随提供知识服务的时间变化，且两类知识服务的价格相同。这一点结合式（3.85）和式（3.86）进一步表明，知识服务企业获得的瞬时利润与该知识在何时发明出来是无关的。

根据式（3.82）、式（3.83）和式（3.84），可将中间投入生产函数式（3.77）和式（3.78）改写为

$$Y_K(t) = \frac{1}{1 - \beta} p_K^{(1-\beta)/\beta}(t) N_K(t) K \tag{3.87}$$

$$Y_L(t) = \frac{1}{1 - \beta} p_L^{(1-\beta)/\beta}(t) N_L(t) L \tag{3.88}$$

由式（3.75）可得两种中间产品价格之比为

$$p(t) \equiv \frac{p_K(t)}{p_L(t)} = \gamma \left(\frac{Y_K(t)}{Y_L(t)} \right)^{-1/\varepsilon}$$

$$= \gamma \left((p(t))^{\frac{1-\beta}{\beta}} \frac{KN_K(t)}{LN_L(t)} \right)^{-1/\varepsilon} \tag{3.89}$$

$$= \gamma^{\frac{\varepsilon\beta}{\sigma}} \left(\frac{KN_K(t)}{LN_L(t)} \right)^{-1/\varepsilon}$$

其中 $\gamma = \dfrac{\gamma_K}{\gamma_L}$，$\sigma = 1 + (\varepsilon - 1)$。$\beta$ 为两种要素之间的替代弹性，且 $\sigma \gtreqless 1 \Leftrightarrow \varepsilon \gtreqless 1$。

结合式（3.87）和式（3.88）得到两种要素价格之比为

$$\omega(t) \equiv \frac{R(t)}{w(t)} = (p(t))^{\frac{1}{\beta}} \frac{N_K(t)}{N_L(t)} = \gamma^{\frac{\varepsilon}{\sigma}} \left(\frac{N_K(t)}{N_L(t)} \right)^{(\sigma-1)/\sigma} \left(\frac{K}{L} \right)^{-1/\sigma}$$

$$\tag{3.90}$$

（三）创新活动

知识服务企业需要投入资源进行创新，创新所获得专利有永久性专利权。生产知识的生产函数（创新可能性边界）为

$$\dot{N}_L(t) = \eta_L Z_L(t) \tag{3.91}$$

$$\dot{N}_K(t) = \eta_K Z_K(t) \tag{3.92}$$

$\dot{N}_L(t)$、$\dot{N}_K(t)$ 分别为新增知识的数量，代表创新成果数量，$Z_K(t)$ 和 $Z_L(t)$ 为投入研发的资源。常数 η_L、η_K 为创新的效率，即每单位资源投入获得的创新数量；$1/\eta_L$、$1/\eta_K$ 为单位创新的成本，它们刻画了不同创新的实现难度。投入研发的总资源为

$$Z(t) = Z_K(t) + Z_L(t) \tag{3.93}$$

每一发明专利的价值可以被视为它被发明出来以后提供知识服务所获得的瞬时利润的现值和，即

$$V_f(v, t) = \int_t^\infty \exp\left(-\int_t^s r(s') \mathrm{d}s' \right) \pi_f(v, s) \mathrm{d}s \tag{3.94}$$

优化的 HJB 一阶条件为

$$r(t)V_f(v, t) - \dot{V}_f(v, t) = \pi_f(v, t) \tag{3.95}$$

（四）稳态

稳态时利率为常数 r^*，结合式（3.85）和式（3.86）可得两种发明的专利价值为

$$V_K = \frac{\beta K p_K^{1/\beta}(t)}{r^*} \qquad (3.96)$$

$$V_L = \frac{\beta L p_L^{1/\beta}(t)}{r^*} \qquad (3.97)$$

由此得到两种发明专利的价值之比为

$$\frac{V_K}{V_L} = \left(\frac{p_K}{p_L}\right)^{1/\beta} \frac{K}{L} \qquad (3.98)$$

发明专利这一资产的价值即为开展该发明的获利能力，也是开展该发明的激励。从式（3.98）可以得出如下结论：

第一，价格效应。式（3.98）中 $\left(\frac{p_K}{p_L}\right)$ 与两种发明创新相对获利能力正相关，这表明相对价格越高，发明创新的相对获利能力越大，因此发明与该要素互补的技术的激励就越大。使用相对稀缺要素所生产的商品相对更昂贵，因此价格效应有利于与更为稀缺要素互补的技术创新。

第二，市场规模效应。式（3.98）中两种发明创新相对获利能力与要素相对规模正相关刻画了这一点。某一技术市场的规模是使用该技术工作的要素的多少，增加某一要素的供给也就扩大了与该要素互补的技术的市场规模。市场规模效应鼓励偏向相对更为丰裕要素的创新。

但是，式（3.98）仅为局部均衡的结果，因为相对价格 $\left(\frac{p_K}{p_L}\right)$ 是内生的。利用式（3.89）、式（3.96）和式（3.97）消除相对价格，我们得到

$$\frac{V_K}{V_L} = \gamma^{\frac{\varepsilon}{\sigma}} \left(\frac{N_K}{N_L}\right)^{-1/\sigma} \left(\frac{K}{L}\right)^{(\sigma-1)/\sigma} \qquad (3.99)$$

式（3.99）告诉我们，要素相对丰裕程度与创新的相对获利能力的关系，受到要素间替代弹性 σ 的影响。如果 $\sigma > 1$，要素相对丰裕程度与创新的相对获利能力正相关；反之，$\sigma < 1$，要素相对丰裕程度与创新的相对获利能力负相关。前已述及，$\sigma \gtreqqless 1 \Leftrightarrow \varepsilon \gtreqqless 1$，也就是说，要素之间的替代弹性与两种中间产品之间的替代弹性是等价的。两个创新市场之间均衡，意味着投入于两种创新中的一单位资源获得的发明专利资产价值应当相等，即

$$\eta_L V_L = \eta_K V_K \qquad (3.100)$$

结合式（3.100）和式（3.99）得到稳态时的相对产出数量：

$$\left(\frac{N_K}{N_L}\right)^* = \left(\frac{\eta_K}{\eta_L}\right)^{\sigma} \gamma^{\varepsilon} \left(\frac{K}{L}\right)^{(\sigma-1)} \qquad (3.101)$$

式（3.101）告诉我们稳态时两种创新的相对产出数量 $\left(\dfrac{N_K}{N_L}\right)^*$（创新可能性边界确定的两种技术产出效率）：①与创新相对效率正相关。②与要素相对丰裕程度 $\left(\dfrac{K}{L}\right)$ 的关系取决于要素间替代弹性 σ。如果 $\sigma > 1$，相对丰裕的要素创新更多，这时很明显是市场规模效应起了主导性作用；反之，$\sigma < 1$，相对稀缺的要素创新更多，这时就是价格效应起主导性作用。

Acemoglu 模型中主要关系总结如表 3-1 所示。

表 3-1　技术偏向、创新激励与替代弹性关系

替代弹性	创新激励	相对技术进步	相对边际产品增加	技术进步偏向
大于 1	市场规模效应占优	更为丰裕要素	更为丰裕要素	更为丰裕要素
小于 1	价格效应占优	更为稀缺要素	更为稀缺要素	更为丰裕要素

四、简要评价

Acemoglu 模型试图以新增长理论表述框架将技术进步偏向内生化，符合增长理论研究的发展趋势。实际上，该模型首先被用于解释技能溢价问题，也就是说，最初的版本是为了解释技术进步在有技能劳动和无技能劳动之间的偏向问题，后来才被推广到资本与劳动这两种要素之间的偏向关系研究上。该模型以相对要素供给量的变动来解释技术进步偏向的变化，意即相对要素供给量是外生变量或先定变量。这一模型也隐含着一个假设：与技术进步偏向相比，要素相对供给量的变化更为缓慢。这一隐含的假设使得该模型存在潜在的风险：如果要素相对供给量的变动比技术进步偏向的变化更为迅速，那又会如何呢？从直观上讲，其逻辑关系应当是要素供给量的变化影响到技术进步偏向的变化，或者两者都是内生的。关于要素相对供给量与相对技术进步偏向之间的变动快慢关系以及由此导致的因果关系，目前似乎尚未受到研究者们关注。可以这样认为，Acemoglu 模型并未完全将技术进步偏向选择内生化。

第四章 中国及跨国的二元经济结构与技术进步偏向实证分析

本章将讨论二元经济结构对技术进步偏向的影响。到目前为止，关于技术进步偏向成因的文献还不多，少部分文献集中在国际贸易、政府行为、价格扭曲、人口结构等方面。我们认为，技术进步偏向属于技术进步本身的结构性问题，它受到经济其他结构变量的影响。发展中国家最突出的经济结构因素为二元经济结构。

第一节 理论机制

如上一章所述，技术进步偏向与相对要素密集程度相关联，而国际贸易理论对要素密集程度与经济增长有较为充分的论述，因此我们很自然地主要从国际贸易因素方面探讨技术进步偏向产生的原因。总的来看，国际贸易对贸易双方的技术进步偏向都会产生影响，其主要影响机制有防御性创新、技术溢出效应、相对价格变化等（Acemoglu，2003b；Acemoglu、Gancia、Zilibotti，2015）。

对于中国技术进步资本偏向的原因，除了国际贸易角度的解释外，还有较多研究从中国自身国情来加以阐释。张军（2002）指出，地方政府深受捕捉租金的激励，竞相发展利润高的制造业，过度的投资和过度的竞争使企业的技术选择显示出资本替代劳动的偏差，使技术路径逐步偏离了要素的自然结构。潘士远（2008）通过构建一个动态一般均衡模型讨论了专利制度、劳动力禀赋结构和工资不平等之间的动态关系，发现劳动力要素禀赋结构能够通过专利制度影响技术进步方向和技能升水或溢价。戴天仕和徐现祥（2010）认为中国工业化过程中资本积累速度快于劳动导致了技术进步的有偏。易信和刘凤良（2013）指出中国资本偏向型技术进步是政府对市场的干预和要素市场扭曲双重影响的结果。白雪洁（2017）、罗知等（2018）指出要素价格扭曲通过直接效应和间接效应导致技术进步偏向资本。人口结构也可能与技术进步偏向有关。在人口结构中，劳动力占比越小，工资率上升压力越大，价格效应越强，技术进步越有可能会偏向于稀缺要素即劳动投入。邓明（2014）研究表明，在控制要素价格扭曲之后，老年人口扶养比越高，技术越偏向于劳动。

但是，以上关于技术进步偏向成因的研究并没有考虑发展中国家或地区的结构性特征。发展中国家经济增长与经济发展总是伴随着剧烈的结构变化（Kuznets，1973；Chenery，1979；Syrquin，1989）。以中国为例，改革开放以来，中国经济发展迅速，1978—2017 年实际国内生产总值（GDP）增长了 33.5 倍。与此同时，经济结构也发生了很大变化，在乡村就业和第一产业占比从 1978 年的 76.3%和 70.5%转变为 4.3%和 27%。经济增长与结构转变高度负相关（见图 4-1），实际 GDP 序列与乡村就业占比和第一产业就业占比相关系数分别为-0.928 和-0.989。

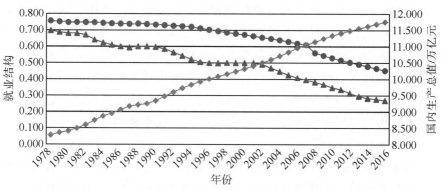

图 4-1　中国 1978—2017 年经济增长与就业结构变化

技术进步偏向是指技术进步更有利于何种要素，即在要素投入比不变的条件下，技术进步提高的资本还是劳动的边际产品谁更多。它揭示了技术进步的结构性特征，因此，经济结构特征应当也是技术偏向的重要影响因素。中国是一个发展中国家，二元经济结构是主要特征事实。有鉴于此，本书认为二元经济结构变化是影响我国技术进步偏向的重要因素。与已有文献相比，本章的研究创新主要体现在两个方面：其一，进一步发展了现有文献对于技术进步偏向成因的认识。二元经济结构变化既是驱动发展的引擎，也是影响发展中经济体技术进步偏向的重要因素。从经济结构来解释技术进步偏向，逻辑上更为自洽。其二，将均衡技术进步偏向与发展经济学经典理论关联起来。二元经济结构理论（Lewis，1954）表明，经济发展过程也是二元经济结构变化的过程。在经济发展的不同阶段，二元经济结构通过影响均衡偏向中的要素相对供给从而通过价格效应和市场规模效应影响技术进步偏向。后文的实证结论表明：1978—2017年，中国技术进步资本偏向指数与二元经济结构对比系数负相关，并且这种负相关性在1992年劳动力市场化改革阶段得到强化，后随着农民工工资上升而被削弱。

我们用两种方法来阐述二元经济结构变化与技术进步偏向之间的关系。第一种方法是从 Acemoglu 模型的价格效应和市场规模效应来分析。首先需要说明的是，Acemoglu 的理论并没有结合发展中国家独特的国情。根据 Acemoglu 的理论，资本深化导致劳动要素相对稀缺，从而劳动要素相对价格提升，这是相对价格效应发挥作用的基础。但是，经典发展经济学理论（Lewis，1954）以及中国发展的现实（蔡昉，2005）表明，在发展的早期阶段，存在大量可供利用的剩余劳动力，劳动供给无限，城市市场工资不变。因此，二元经济的资本深化并不会带来工资上升，从而削弱了价格效应的影响。进一步来看，在资本深化程度相同的情况下，二元经济结构越明显的地区，剩余劳动力相对越多，市场规模效应导致技术进步提高更为丰裕的劳动力的相对效率，替代弹性小于1，从而技术进步进一步偏向资本。由此得到本章所要检验的重要结论：技术进步资本偏向指数与二元经济结构程度正相关。

为解释技术进步资本偏向与二元经济结构程度之间的关系，我们的第二种方法是构建一个高度简化的二元经济结构模型。假设经济由两个部门构成，其中现代部门产出为 Y_1，传统部门产出为 Y_2，总产出为两部门产出之和 $Y = Y_1 + Y_2$。传统部门仅用劳动要素进行生产，现代部门使用资本和劳动两种要素，两个部门生产函数为

$$Y_1 = AF(K, L_1) \tag{4.1}$$

$$Y_2 = \bar{B}L_2 \tag{4.2}$$

$$L_1 + L_2 = L \tag{4.3}$$

其中 $L_1 = \mu L$，$L_2 = (1 - \mu)L$。传统部门没有技术进步，现代部门有希克斯中性技术进步。总量经济资本边际产品即为现代部门的边际产品，而整个

经济的劳动边际产品为两个部门劳动边际产品之加权和：

$$\frac{\partial Y}{\partial K} = A\frac{\partial F}{\partial K} \tag{4.4}$$

$$\frac{\partial Y}{\partial L} = \mu A\frac{\partial F}{\partial L_1} + (1 - \mu) \cdot \bar{B} \tag{4.5}$$

总体经济的资本与劳动边际产品之比为

$$\frac{\frac{\partial Y}{\partial K}}{\frac{\partial Y}{\partial L}} = \frac{A\frac{\partial F}{\partial K}}{\mu A\frac{\partial F}{\partial L_1} + (1 - \mu) \cdot \bar{B}} \tag{4.6}$$

技术偏向指数为

$$\frac{\partial(\frac{\frac{\partial Y}{\partial K}}{\frac{\partial Y}{\partial L}})}{\partial A} = \frac{(1 - \mu) \cdot \frac{\partial F}{\partial K} \cdot \bar{B}}{(\mu A\frac{\partial F}{\partial L_1} + (1 - \mu) \cdot \bar{B})^2} > 0 \tag{4.7}$$

式（4.7）表明，现代部门的中性技术进步对于整个经济而言是资本偏向的。而且我们可以看到，在合理假设下，$A\frac{\partial F}{\partial L_1} > (1 - \mu) \cdot \bar{B}$，所以式（4.7）中 μ 越小，二元经济结构程度越严重，则技术偏向指数越大。

第二节　中国二元经济结构与技术进步偏向[①]

一、数据来源

数据样本区间为 1978—2017 年，具体各变量的数量来源与处理方法如下：

（1）不变价产出（Y）。用 1978 年 GDP 以及随后各年 GDP 指数计算得到各地区不变价产出，1978—2008 年的数据来源于《新中国六十年统计

---

① 本节内容来自本书阶段性研究成果。参见：蔡晓陈，赖娅莉. 二元经济结构与技术进步偏向 [J]. 财经科学，2020（7）：79-91.

资料汇编》，其他年份的数据来源于各年《中国统计年鉴》。

（2）劳动投入（L）。以各地区年末就业人数度量劳动投入，1978—2008 年的数据来源于《新中国六十年统计资料汇编》，其他年份的数据来源于各年《中国统计年鉴》。

（3）劳动者报酬份额（labsh）。劳动者报酬份额按照如下简单公式计算（OECD，2001；蔡晓陈，2009、2012）：

劳动者报酬份额＝劳动者报酬/（劳动者报酬+固定资产折旧+营业盈余）

计算劳动者报酬的基本数据来源为：1978—1992 年数据来自《中国国内生产总值核算历史资料 1952—1995》；1993—2004 年数据来自《中国国内生产总值核算历史资料 1952—2004》；其余年份数据来自各年《中国统计年鉴》；2008 年和 2013 年《中国统计年鉴》数据缺失，通过各省份统计年鉴补齐，数据仍然缺失的省份，劳动者报酬份额取相邻两年的均值[①]。

（4）资本投入（K）。资本投入（K）以永续盘存法计算：

$$K_{t+1} = I_t + (1 - \delta)K_t \qquad (4.8)$$

其中 δ、K_t、I_t 依次为折旧率、期初资本存量与固定资本形成（或称投资）。测量资本存量序列需要折旧率与初始资本存量两个参数值以及各年不变价固定资本形成序列。对于折旧率，现有文献折旧率取值 5%～15%（张军等，2004；单豪杰，2008；蔡晓陈，2009），本书选择中间值 10%[②]。为降低期初资本存量估计值对结果的影响，本书将固定资本存量序列估计向前延伸到 1952 年，其中 1952 年期初资本存量等于 1952 年各地区生产总值乘以资本产出比，假定资本产出比为 2[③]。对于不变价固定资本形成序列，以1978 年各省份固定资本形成总额与其发展速度计算得到 1952—2004 年数据，其中 1952—1992 年固定资本形成发展速度来自《中国国内生产总值

---

① 重庆市 1978—1992 年劳动者报酬份额计算所需基本数据缺失，通过如下方法估算：计算出重庆市与四川省 1993—1995 年劳动者报酬份额的比值（0.84），该比值与 1978—1992 年四川省劳动者报酬份额的乘积得到重庆市劳动者报酬份额。海南省 1978—1989 年劳动者报酬份额计算所需基本数据缺失，笔者发现 1990—1992 年广西壮族自治区劳动者报酬份额和海南省相差不大，故以广西壮族自治区 1978—1989 年劳动者报酬份额替代。西藏自治区 1978—1984 年劳动者报酬计算所需基本数据缺失，以 1985—1987 年劳动者报酬份额平均值（0.98）代替。此外，西藏自治区部分年份生产税净额有负数情况，使得计算出来的劳动者报酬份额大于 1，超过 1 的归 1 处理。

② 以折旧率为 5%、8% 和 12% 分别估算，最终所得折旧率为 10%。估计结果有一定差异，但是差异不大。

③ 海南省 1952 年生产总值数据缺失，以工农业总产值指数代替地方 GDP 指数，由 1978 年地方 GDP 推算出海南省 1952 年地方 GDP。

核算历史资料 1952—1995》，1993—2004 年固定资本形成发展速度来自《中国国内生产总值核算历史资料 1952—2004》；将 2005—2017 年以固定资产形成名义值用各省份固定资产投资价格指数[①]折算成 1978 年不变价[②]。

（5）二元经济结构。二元经济结构程度分别用第一产业就业占比、二元对比系数或二元反差系数来度量，其中涉及的第一产业增加值占比和第一产业就业占比来自《新中国六十年统计资料汇编》《中国统计年鉴》以及各省份统计年鉴[③]。

（6）控制变量。控制变量中劳均资本存量增长率由不变价资本存量与劳动投入计算得出，政府支出增长率和进出口增长率估计替代弹性与要素效率增长率所需数据来自《中国统计年鉴》以及各省份统计年鉴。

二、替代弹性与平均技术进步偏向估计

假定生产函数为如式（3.71）的不变替代弹性（CES）形式，即

$$Y(t) = [\alpha (A(t)K(t))^{\frac{\sigma-1}{\sigma}} + (1 - \alpha) (B(t)L(t))^{\frac{\sigma-1}{\sigma}}]^{\frac{\sigma}{\sigma-1}} \qquad (4.9)$$

其中的劳动增进型技术 $A(t)$ 和资本增进型技术 $B(t)$ 在实证文献中有时又被称为劳动效率和资本效率，参照文献惯例，本章及下一章将交互使用"增进型技术进步"与"要素效率增长率"这两种不同的表述[④]。参照 León-Ledesma、McAdam 和 Willman（2010）的模型设定，假定 t_0 期时资本和劳动投入分别为 K_0 和 L_0，要素效率增长率为指数形式：

$$A_t = A_0 e^{r_E(t_0, t)}, \quad B_t = B_0 e^{r_E(t_0, t)} \qquad (4.10)$$

---

① 各省固定资产投资价格指数起始年份不一，缺失固定资产投资价格指数依次按照全国固定资产投资价格指数、各省份自身 CPI、全国 CPI 优先顺序代替。

② 对于 1996 年及之前重庆市的"固定资本形成总额发展速度"，以《新中国六十周年统计资料汇编》中四川省的固定资本形成总额占资本形成总额比例代替重庆市该比例，再以该资料中重庆市资本形成总额与该比例相乘得到重庆市的固定资本形成，然后再根据重庆市或四川省固定资产投资价格指数或重庆市城市 CPI 计算得到重庆市不变价固定资本形成。天津市 1988 年之前的固定资本形成总额发展速度数据缺失，以天津市城市 CPI 作为价格指数推算出不变价固定资本形成。海南省 1990 年之前的固定资本形成总额发展速度、1978 年之前的固定资本形成总额数据缺失，1978—1990 年的不变价固定资本形成由当年价固定资本形成用 CPI 平减得到，1978 年之前的固定资本形成由当年固定资本投资乘以 0.67（1978—1980 年固定资本形成/固定资产投资均值）估算。西藏自治区 1992 年之前固定资本形成总额数据缺失，以固定资本投资乘以 0.8（1993—1995 年固定资本形成/固定资产投资均值）估算。

③ 1996 年之前的重庆市数据以四川省的代替，1987 年之前的海南省数据以广西壮族自治区的代替。

④ 我们在第三章第一节辨析了这两种概念的差异，实证文献中通常忽略其中差异。

对 CES 生产函数式 (4.9) 及其一阶条件标准化才能更好地识别出替代弹性与技术进步的影响，为此得到三方程标准化供给面系统模型：

$$\log\left(\frac{r_t K_t}{Y_t}\right) = \log(\alpha) - \frac{\sigma-1}{\sigma}\log\left(\frac{Y_t/\bar{Y}}{K_t/\bar{K}}\right) + \frac{\sigma-1}{\sigma}\log(\xi) + \frac{\sigma-1}{\sigma}\gamma_E(t-\bar{t})$$

$$(4.11)$$

$$\log\left(\frac{w_t L_t}{Y_t}\right) = \log(1-\alpha) - \frac{\sigma-1}{\sigma}\log\left(\frac{Y_t/\bar{Y}}{L_t/\bar{L}}\right) + \frac{\sigma-1}{\sigma}\log(\xi) + \frac{\sigma-1}{\sigma}\gamma_L(t-\bar{t})$$

$$(4.12)$$

$$\log\left(\frac{Y_t}{\bar{Y}}\right) = \log(\xi) + \frac{\sigma-1}{\sigma}\log\left[\alpha\left(e^{\gamma_E(t-\bar{t})}\left(\frac{K_t}{\bar{K}}\right)\right)^{\frac{\sigma-1}{\sigma}} + (1-\alpha)\left(e^{\gamma_L(t-\bar{t})}\left(\frac{L_t}{\bar{L}}\right)\right)^{\frac{\sigma-1}{\sigma}}\right]$$

$$(4.13)$$

其中 r_t 表示资本回报率，w_t 表示工资率，$\dfrac{r_t K_t}{Y_t}$ 和 $\dfrac{w_t L_t}{Y_t}$ 为资本与劳动报酬份额。样本区间内的平均技术进步资本偏向指数为

$$\text{Bias} = \frac{\sigma-1}{\sigma}(\gamma_K - \gamma_L) \qquad (4.13)$$

我们以 nlsur 方法估计式 (4.11) ～式 (4.13) 构成的三方程标准化供给面系统模型，其中参数的初始值设定为：$\xi=1$，$\gamma_K=0.001$，$\gamma_L=0.002$，$\gamma_K=0.001$，$\gamma_L=0.0002$。对于最为重要的参数——资本—劳动替代弹性的初始值，考虑到我国经济的发展状况，将其设置为 $\sigma(0) \in (0.02：0.05：3.2)$，即在一个初始值为 0.02、终值为 3.2、公差为 0.05 的等差数列中依此取值作为 σ 的初始值。

从回归结果来看（见表4-1），规模因子 ξ 的值都非常接近于 1，符合我们的预期（期望值为 1）。我国各省份的要素替代弹性介于 0.731～1.535 之间，均值为 0.895。我国大部分省份的替代弹性都小于 1，表明在我国经济发展过程中，绝大部分地区的资本和劳动力要素之间是互补的。从要素效率来看，除了重庆资本效率增长率估计值不显著（p 值为 0.14）以及宁

夏资本和劳动效率增长率估计值不显著且系数较大外①，大多数估计值显著且与前期文献基本结论相符。大部分地区相对效率增长率为负（表 4-1 倒数第二列），表明劳动效率增长率快于资本。按照式（4.13）计算出的大部分地区平均技术进步偏向为正（表 4-1 最后一列），表现为资本偏向。这与现有大部分研究结论是基本一致的（钟世川，2014；戴天仕、徐现祥，2010；陈晓玲、连玉君，2012）。

表 4-1　回归结果与平均技术进步偏向指数（1978—2017 年）

地区	ξ	σ	α	γ_K	γ_L	$\gamma_K - \gamma_L$	Bias
北京	1.078***	0.787***	0.517***	0.037 9***	0.009 31***	0.028 59	−0.008
天津	0.995***	1.282***	0.572***	−0.034 7***	0.125***	−0.159 7	−0.035
河北	0.991***	1.017***	0.408***	−0.063 3	0.123**	−0.186 3	−0.003
山西	0.994***	0.757***	0.478***	−0.029 3***	0.097 6***	−0.126 9	0.041
内蒙古	0.952***	1.041***	0.439***	0.127***	−0.022 1	0.149 1	0.006
辽宁	1.037***	0.899***	0.502***	0.061 1***	0.014 5**	0.046 6	−0.005
吉林	1.067***	0.882***	0.435***	−0.092 8***	0.138***	−0.230 8	0.031
黑龙江	1.029***	0.756***	0.481***	−0.035 7***	0.089 3***	−0.125	0.040
上海	1.034***	0.811***	0.585***	0.029 3***	0.018 5***	0.010 8	−0.003
江苏	1.025***	0.910***	0.468***	−0.067 6***	0.149***	−0.216 6	0.021
浙江	1.153***	0.972***	0.448***	−0.351***	0.341***	−0.692	0.020
安徽	1.039***	0.731***	0.373***	−0.055 5***	0.107***	−0.162 5	0.060
福建	1.073***	0.922***	0.364***	−0.171***	0.180***	−0.351	0.030
江西	1.074***	0.760***	0.372***	−0.060 4***	0.117***	−0.177 4	0.056
山东	1.020***	0.840***	0.459***	−0.048 4***	0.122***	−0.170 4	0.032
河南	1.024***	0.852***	0.387***	−0.083 1***	0.121***	−0.204 1	0.035
湖南	1.058***	0.818***	0.343***	−0.074 4***	0.113***	−0.187 4	0.042

① 可能是其资本与产出增长率较快所致，宁夏要素效率估计值对于数据高度敏感，我们将样本区间改为 1978—2015 年后，宁夏两种要素效率增长率估计结果分别为 −0.166*** 和 0.186***，替代弹性估计值变化不大。后文主要分析仅仅需要提到弹性估计值，因此表 4-1 保留全样本估计结果。

表4-1(续)

地区	ξ	σ	α	γ_K	γ_L	$\gamma_K - \gamma_L$	Bias
湖北	1.038 ***	0.912 ***	0.413 ***	−0.061 4 ***	0.120 ***	−0.181 4	0.018
广东	1.078 ***	0.889 ***	0.394 ***	−0.117 ***	0.170 ***	−0.287	0.036
广西	1.014 ***	0.857 ***	0.328 ***	−0.068 6 ***	0.107 ***	−0.175 6	0.029
海南	1.038 ***	0.921 ***	0.334 ***	−0.149 ***	0.151 ***	−0.3	0.026
重庆	0.983 ***	1.080 ***	0.451 ***	0.010 7	0.075 4 ***	−0.064 7	−0.005
四川	0.986 ***	1.535 ***	0.379 ***	−0.004 43	0.073 2 ***	−0.077 6	−0.027
贵州	1.038 ***	0.912 ***	0.332 ***	−0.047 6 ***	0.099 3 ***	−0.146 9	0.014
云南	0.993 ***	0.724 ***	0.373 ***	−0.025 1 ***	0.082 8 ***	−0.107 9	0.041
西藏	1.048 ***	0.498 ***	0.098 2 ***	−0.111 ***	0.087 3 ***	−0.198 3	0.200
陕西	1.070 ***	0.793 ***	0.413 ***	−0.057 6 ***	0.125 ***	−0.182 6	0.048
甘肃	1.021 ***	0.820 ***	0.386 ***	−0.031 4 ***	0.103 ***	−0.134 4	0.030
青海	1.079 ***	0.850 ***	0.379 ***	−0.081 4 ***	0.114 ***	−0.195 4	0.034
宁夏	1.033 ***	0.998 ***	0.401 ***	−0.589	0.465	−1.054	0.002
新疆	1.062 ***	0.921 ***	0.332 ***	−0.165 ***	0.149 ***	−0.314	0.027

注:

(1) 表中 *** 代表 $p<0.01$, ** 代表 $p<0.05$, * 代表 $p<0.1$。

(2) ξ 为表示规模系数的规模因子,σ 为资本—劳动替代弹性,α 为资本报酬份额,γ_K 表示样本区间内资本生产效率的平均增长率,γ_L 表示样本区间内劳动生产效率的平均增长率,$\gamma_K - \gamma_L$ 表示样本区间内的相对要素效率增长率,Bias 表示样本区间内平均的技术进步偏向指数。

平均技术进步偏向与平均第一产业就业占比关系见图4-2。第一产业就业占比正向度量了二元经济结构程度,数值越大,二元经济结构问题越突出。从图4-2中可以看出,两者正相关,相关系数为 0.418 1,p 值为 0.019 2;如果不包括平均技术进步偏向异常大的西藏,则相关系数为 0.436 5,p 值为 0.015 9。两者正相关性初步表明:第一产业就业占比越高,技术进步越偏向资本,即二元经济结构程度与技术进步偏向指数正相关。

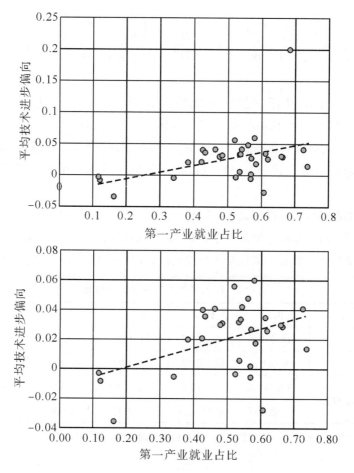

图4-2 平均第一产业就业占比与技术进步偏向（其中下图中不包括西藏的数据）

三、二元经济结构与技术进步偏向

为进一步探讨二元经济结构与技术进步偏向的关系，我们定义如下时点资本偏向指数（雷钦礼，2013）：

$$D_t = \frac{\sigma - 1}{\sigma} \left(\frac{\dot{A}_t}{A_t} - \frac{\dot{B}_t}{B_t} \right) \tag{4.14}$$

任一地区 i 的资本效率增长率、劳动效率增长率的计算方法如下：

$$\left(\frac{\dot{A}}{A}\right)_{it} = \frac{\left(\frac{\dot{z}}{z}\right)_{it} - \sigma_i \left(\frac{\dot{r}}{r}\right)_{it}}{1 - \sigma_i}, \quad \left(\frac{\dot{B}}{B}\right)_{it} = \frac{\left(\frac{\dot{q}}{q}\right)_{it} - \sigma_i \left(\frac{\dot{w}}{w}\right)_{it}}{1 - \sigma_i}, \quad \sigma_i \neq 1$$

(4.15)

其中，$z_{it} = Y_{it}/K_{it}$ 为任一地区 i 的资本平均产出，$q_{it} = Y_{it}/L_{it}$ 为任一地区 i 的劳动平均产出，$r_{it} = Y_{it}sok_{it}/K_{it}$ 为任一地区 i 的资本回报率，$w_{it} = Y_{it}sol_{it}/L_{it}$ 为任一地区 i 的单位劳动报酬（工资率）。将根据式（4.15）得到的资本、劳动效率增长率带入式（4.13）可以得到各省份具体年份的技术进步偏向指数。

根据前述替代弹性和式（4.14）与式（4.15）计算出各地区每一年技术进步偏向，由此形成一个大 T 小 N 的长面板数据数据集，各变量平稳性检验如表 4-2 所示。检验结果表明拒绝原假设，即变量的检验结果是平稳的。

表 4-2　相关变量的面板单位根检验

变量名称	Bias	Dual	dlntrade	dlngov	dlkn
LLC 检验	−18.378 5	−2.325 7	−11.143 6	−9.427	−6.911 3
	(0.000)	(0.010)	(0.000)	(0.000)	(0.000)
Breitung 检验	−14.912 8	−3.519 6	−10.363 5	−8.303 6	−4.717 9
	(0.000)	(0.000 2)	(0.000)	(0.000)	(0.000)

注：表中报告的是对应统计量，其中 LLC 检验为调整的 t 统计量，括号中为对应统计量的 p 值。

为检验二元经济结构变动与技术进步偏向的关系，我们建立如下回归方程：

$$\text{Bias}_{it} = \alpha_i + \beta_0 \text{Dual}_{it} + \beta X_{it} + \varepsilon_{it} \quad (4.16)$$

其中 Bias_{it}、Dual_{it} 为地区各时期的技术进步偏向和二元经济结构指标，X_{it} 为控制变量。二元经济结构程度分别用第一产业就业占比、二元对比系数或二元反差系数来度量。第一产业就业占比是度量二元经济结构程度的简单指标，与二元经济结构程度同方向变化。二元对比系数度量的是第一产业与非第一产业劳动生产率之比，与二元经济结构程度反方向变化，数值越小，二元经济结构程度越严重。二元反差系数度量的是第二、三产业或非农业产值比重与劳动力比重之差的绝对值，与二元经济结构严重程度同方向变化。基于前期文献，控制变量包括劳均资本存量增长率（dlnk）、政府支出增长率（dlngov）、进出口增长率（dlntrade）。

由于解释变量中含有被解释变量的滞后项，所以本书的模型为动态面板数据（DPD）。考虑到技术进步偏向可能会对资本、劳动收入份额产生影响并反作用于城乡二元经济结构，导致基于双向因果的内生性问题，我们对式（4.16）采用系统 GMM 方法进行估计，为解决可能产生的弱工具变量问题，对解释变量的滞后阶数进行了限制①。具体见表4-3。

表4-3报告了不同控制变量下的估计结果。从回归的结果来看，在不同的回归模型之下，二元对比系数对技术偏向作用均显著且系数大小差异不大。为了与后文进行比较，本书以模型1作为基准回归结果。二元对比系数的回归系数为负值，二元对比系数与城乡二元经济结构改善呈反向变动，所以城乡二元经济结构与技术进步偏向指数同方向变动。这表明城乡二元经济结构程度越严重，那么技术进步偏向指数将会越大，技术进步越偏向资本。这一结论与前文的理论推测一致。劳均资本存量增长率系数为 −0.161，表明劳均资本存量增长越快，技术进步越偏向劳动，这是市场规模效应发挥主导性作用的结果，即劳均资本增长越快，资本相对丰裕，技术进步倾向于提高丰裕要素的相对效率增长率，替代弹性总体小于1，技术进步越偏向更为稀缺的劳动要素。对外贸易增长率的系数为正，对外贸易增长越快，技术进步越偏向资本。这可能是对外贸易通过价格效应发挥作用的结果，即贸易促进了稀缺的劳动要素效率提高，在替代弹性大多小于1的情况下，技术进步更为偏向资本要素。

表4-3　中国城乡二元经济结构对技术进步偏向影响的实证研究

变量名称	模型 1	模型 2	模型 3	模型 4
Dual	−0.661 *** （0.218）	−0.621 *** （0.200）	−0.482 *** （0.144）	−0.706 *** （0.222）
dlnk	−0.161 *** （0.052 0）		−0.229 *** （0.069 1）	−0.158 *** （0.058 0）
dlntrade	0.099 7 *** （0.013 7）	0.103 *** （0.010 7）		0.103 *** （0.014 1）
dlngov	0.006 55	−0.005 81	0.015 8	

---

① 表4-4以及其后各表报告的是限制解释变量最高阶数为1的结果，将解释变量最高阶数限制为2阶，基本结论不变。

表4-3(续)

变量名称	模型 1	模型 2	模型 3	模型 4
	(0.019 8)	(0.019 1)	(0.016 9)	
L. Bias	0.043 4***	0.041 6***	0.049 4***	0.041 9***
	(0.016 7)	(0.008 31)	(0.009 45)	(0.009 68)
L2. Bias	−0.123***	−0.122***	−0.122***	−0.122***
	(0.014 3)	(0.013 1)	(0.012 2)	(0.016 7)
Constant	0.169***	0.145***	0.152***	0.180***
	(0.051 0)	(0.045 0)	(0.036 9)	(0.051 4)
AR（1）	(0.001 4)	(0.001 5)	(0.001 7)	(0.001 3)
AR（2）	(0.657 2)	(0.654 1)	(0.653 1)	(0.664 6)
Sargan 检验	29.205 28	29.060 15	28.416 05	29.532 84
	(1.000)	(1.000)	(1.000)	(1.000)

注：

（1）表中 *** 代表 $p<0.01$，** 代表 $p<0.05$，* 代表 $p<0.1$。

（2）AR（1）、AR（2）以及 Sargan 检验行括号中数据为 p 值，其余括号中数据为标准误。

四、稳健性分析

为检验前述基本回归结论的合理性，本节从两个方面进行稳健性分析。第一，放松式（4.10）效率增长率的设定，参照 Klump et. al（2007）、戴天仕和徐现祥（2010）的做法，对要素效率增长率采用一种更为灵活的设定形式，即进行 Box-Cox 转换：

$$A_t = A_0 e^{\bar{t}\gamma_K/\lambda_K((t/\bar{t})^{\lambda_K}-1)}, \quad B_t = B_0 e^{\bar{t}\gamma_L/\lambda_L((t/\bar{t})^{\lambda_L}-1)} \tag{4.17}$$

为此得到对应的三方程供给面系统模型：

$$\log\left(\frac{r_t K_t}{Y_t}\right) = \log(\alpha) - \frac{\sigma-1}{\sigma}\log\left(\frac{Y_t/\bar{Y}}{K_t/\bar{K}}\right) + \frac{\sigma-1}{\sigma}\bar{t}\gamma_K/\lambda_K((t/\bar{t})^{\lambda_L}-1) \tag{4.18}$$

$$\log\left(\frac{w_t L_t}{Y_t}\right) = \log(1-\alpha) - \frac{\sigma-1}{\sigma}\log\left(\frac{Y_t/\bar{Y}}{L_t/\bar{L}}\right) +$$

$$\frac{\sigma-1}{\sigma}\log(\xi) + \frac{\sigma-1}{\sigma}\bar{t}\gamma_L/\lambda_L((t/\bar{t})^{\lambda_L}-1) \tag{4.19}$$

$$
\log\!\left(\frac{Y_t}{\bar{Y}}\right) = \log\ (\xi)\ + \frac{\sigma-1}{\sigma}\log\left[\begin{array}{l} \alpha\!\left(\exp^{\bar{i}\gamma_K/\lambda_K((t/\bar{i})^{\lambda_K}-1)}\left(\dfrac{K_t}{\bar{K}}\right)\right)^{\frac{\sigma-1}{\sigma}} \\[2mm] +\ (1-\alpha)\ \left(\exp^{\bar{i}\gamma_L/\lambda_L((t-\bar{i})^{\lambda_L}-1)}\left(\dfrac{L_t}{\bar{L}}\right)\right)^{\frac{\sigma-1}{\sigma}} \end{array}\right]
$$

$$(4.20)$$

我们同样以 nlsur 方法估计式（4.18）~式（4.20）构成的标准化三方程供给面系统模型，得到替代弹性估计值，然后按照式（4.14）和式（4.15）计算出各期偏向，最后对式（4.16）进行系统 GMM 估计，所得结果见表4-4第二列模型2。

第二，以二元反差系数代替二元对比系数作为刻画二元经济结构程度的代理变量，以此为关键解释变量并对式（4.16）进行系统 GMM 估计，所得结果见表4-4模型3和模型4，其中模型3中被解释变量是要素效率在按照式（4.10）设定估计的结果，模型4中技术进步偏向是要素效率在这里按照式（4.17）设定估计的结果。

二元对比系数和二元反差系数对于二元经济结构度量的方向是相反的，即二元对比系数越小，二元反差系数越大，城乡二元经济结构越强，故而二元对比系数和二元反差系数的符号相反。表4-4的稳健性回归结果表明，无论是改变被解释变量的估计方式，还是改变解释变量的度量方式，二元经济结构程度都对技术进步偏向有显著的影响，且其影响系数均超过其他解释变量。

表4-4　稳健性检验回归结果

变量名称	二元对比系数		二元反差系数	
	模型 1	模型 2	模型 3	模型 4
Dual	−0.661 ***	−0.528 ***	0.374 *	0.424 *
	（0.218）	（0.203）	（0.193）	（0.227）
dlnk	−0.161 ***	−0.269 ***	0.039 8	−0.103 *
	（0.052 0）	（0.049 4）	（0.072 1）	（0.060 3）
dlntrade	0.099 7 ***	0.097 2 ***	0.088 7 ***	0.077 8 ***
	（0.013 7）	（0.011 7）	（0.009 13）	（0.011 2）
dlngov	0.006 55	0.020 7	0.058 6 *	0.046 0
	（0.019 8）	（0.028 2）	（0.030 4）	（0.028 1）

表4-4(续)

变量名称	二元对比系数		二元反差系数	
	模型1	模型2	模型3	模型4
L. Bias	0.043 4 ***	0.033 1 ***	0.045 8 **	0.047 8 ***
	(0.016 7)	(0.012 0)	(0.018 1)	(0.013 3)
L2. Bias	−0.123 ***	−0.142 ***	−0.109 ***	−0.136 ***
	(0.014 3)	(0.014 1)	(0.012 0)	(0.012 7)
Constant	0.169 ***	0.136 ***	−0.099 9 *	−0.108 *
	(0.051 0)	(0.044 7)	(0.053 9)	(0.060 1)
AR（1）	(0.001 4)	(0.001 4)	(0.001 9)	(0.001 7)
AR（2）	(0.657 2)	(0.692 5)	(0.603 4)	(0.684 9)
Sargan 检验	29.205	29.736	29.568	28.520
	(1.000)	(1.000)	(1.000)	(1.000)

注：

（1）表中 *** 代表 $p<0.01$，** 代表 $p<0.05$，* 代表 $p<0.1$。

（2）模型1为表4-4中第一列基准回归，模型2效率增长率按照式（4.17）设定，模型3和模型4二元经济结构程度以二元反差系数度量，模型3中效率增长率按照式（4.10）设定，模型4效率增长率按照式（4.17）设定。

五、分时间段回归与其他命题的检验

前文中我们检验了二元经济结构的程度与技术进步偏向的关系，下面我们进一步考察二元经济环境下其他因素的影响。在二元经济环境下，如果对劳动力城乡流动的社会限制越严格，农村剩余劳动力越难以转移到城市，经济体中实际可供利用的劳动力越少，因此二元经济结构对技术进步偏向的影响受到限制；反之，要素城乡流动市场化程度越高，二元经济结构对技术进步偏向的影响越明显。我们由此得到如下命题：

命题1：在二元经济环境下，市场化改革会强化技术进步偏向指数与二元经济结构程度正相关关系。

在刘易斯—拉尼斯—费景汉模型中（Lewis，1954；Fei、Ranis，1964），发展中经济体劳动力转移经历了三个阶段和两个拐点：工资相对不变条件下的无限劳动供给、第一刘易斯拐点、边际生产率大于零但小于不变制度工资的劳动力的流出、第二刘易斯拐点、商业化。从第二阶段开始，出现农产品剩余，工业部门相对工资上升，阻碍劳动力流动，从而二元经济结

构对技术进步偏向的影响减弱。我们由此得到如下命题：

命题 2：在二元经济环境下，城市工资上升后会削弱技术进步偏向指数与二元经济程度正相关关系。

为检验上述命题 1 和命题 2，我们将样本区间划分为 1978—1992 年、1993—2004 年、2005—2017 年共 3 个时间段①，估计式（4.11）~ 式（4.13）的标准化供给面系统模型计算技术进步偏向后进行相应的系统 GMM 估计，其估计结果如表 4-5 所示。

自 1992 年开始，我国市场化改革全面推进，党的十四大明确提出我国经济体制改革的目标是建立社会主义市场经济体制，强调要使市场在国家宏观调控下对资源配置起基础性作用，城乡二元分割的管理体制进一步松动，劳动力流动限制日益减少，农村劳动力开始大规模跨区域向城市尤其是沿海地区流动（蔡昉，2005、2011）。比较 1978—1992 年和 1993—2004 年两个时间区段回归结果可以发现，尽管这两个时期二元经济结构对技术进步偏向的影响都是显著的，但是在后一时期的系数更大，作用效果更明显。这说明了市场化改革导致劳动力流动限制减少，加速农村剩余劳动力转移，使得整个经济隐蔽性失业减少，可利用的劳动力增多，强化了二元经济结构对技术进步偏向的影响，验证了命题 1 的结论。

自 2004 年开始，沿海地区出现"用工荒"，之后农民工工资大幅上扬（蔡昉，2005）。比较 2005—2017 年时期与其他两个时期的回归结果可以发现，在前两个时间段二元经济结构都对技术进步偏向产生了显著影响，且影响越来越大，但是在后一时期，城乡二元经济结构对技术进步偏向没有显著影响。这一结论验证了命题 2 的论断，即城市部门工资上升会削弱技术进步偏向指数与二元经济结构程度正相关关系。其原因是：随着城市工资的上升，在发展初期受到抑制的价格效应开始发挥主导性作用。

表 4-5　分时间段回归结果

变量名称	1978—1992 年	1993—2004 年	2005—2017 年
Dual	-0.776 ***	-1.203 ***	0.109
	(0.108)	(0.152)	(0.177)
dlnk	0.478 ***	-1.097 ***	0.051 1
	(0.037 7)	(0.177)	(0.109)

①　选择 1993/1994 年、2005/2006 年作为时间分界点，结论不变。

表4-5(续)

变量名称	1978—1992 年	1993—2004 年	2005—2017 年
dlntrade	0.094 3 ***	0.015 2	0.225 ***
	(0.011 2)	(0.009 37)	(0.018 4)
dlngov	0.199 ***	0.137 ***	-0.277 ***
	(0.019 3)	(0.042 6)	(0.031 8)
L. Bias	-0.263 ***	0.149 ***	0.001 19
	(0.012 4)	(0.050 3)	(0.012 0)
L2. Bias	-0.298 ***	-0.191 ***	0.076 4 ***
	(0.008 40)	(0.028 5)	(0.008 92)
Constant	0.153 ***	0.411 ***	-0.005 72
	(0.031 4)	(0.047 3)	(0.034 9)
AR (1)	(0.033 7)	(0.008 0)	(0.000 9)
AR (2)	(0.580 1)	(0.625 5)	(0.876 1)
Sargan 检验	28.173	25.463	30.032
	(1.000)	(1.000)	(1.000)

注:

(1) 表中 *** 代表 $p<0.01$, ** 代表 $p<0.05$, * 代表 $p<0.1$。

(2) 三个时间段效率增长率均按照式 (4.15) 设定,以二元对比系数作为 dual 的代理变量。

总之,我们从 Acemoglu 的均衡技术偏向理论框架出发,结合发展理论无限劳动供给概念,从理论上分析得出:二元经济结构会弱化价格效应,从而导致二元经济结构与技术进步偏向正相关,并且发展早期阶段的劳动力市场化会强化这种正相关性,而城市部门的工资上升则会削弱这种正相关性。实证研究部分证实了这些理论推断。

但是相关研究尚有诸多未尽事宜。第一,从理论框架上看,如何构建严格的带有二元经济结构特征的有偏向的内生技术进步理论模型,将是后续研究中较为紧迫的课题。第二,二元经济结构本身可能会受到技术进步结构的影响,特别是,如果考虑时间期限更长的话,教育投资乃至人口出生率等变化更慢的变量也会与技术进步偏向相互作用,并且在互补性的作用下,其导致的经济增长后果以及更为重大的结构变化,目前来看我们对其仍一无所知。第三,在技术进步偏向框架下,宏观经济政策、产业政策乃至创新政策的合意与政策发力点,是现有文献仍很少探讨的课题。

第三节 跨国证据

一、数据来源

上一节我们用中国国内分地区数据检验了二元经济结构严重程度与技术进步资本偏向之间的正相关关系，本节中我们将用跨国数据做进一步的分析。本节数据中产出、资本存量、劳动投入（就业人数）、劳动者报酬份额等指标的数据来自宾夕法尼亚大学世界统计表，其中产出、资本存量依次为 PWT 数据库中的 rgdpna、rkna，劳动投入为该数据库中的就业人数与平均人力资本指数之积，其余指标数据来自世界银行发展指标（WDI）数据库。删除一些数据序列较短（短于 20 年）、数据缺失与劳动者报酬份额长期不变等国家样本后，得到 42 个发展中国家（WDI 数据库中所指的低收入国家、中下等收入国家与中上等收入国家）非平衡面板数据（时间起始年份和结束年份不一致）。

二、替代弹性与平均技术进步偏向

我们按照与第二节同样的方法和参数设置，估计并计算出不同国家的技术进步偏向，即参数的初始值设定为：$\xi = 1$，$\gamma_K = 0.001$，$\gamma_L = 0.002$，$\gamma_K = 0.001$，$\gamma_L = 0.0002$。对于最为重要的参数——资本—劳动替代弹性的初始值，考虑到这些国家与我国同样为发展中国家，因此我们同样将其设置为 $\sigma(0) \in (0.02 : 0.05 : 3.2)$，即在一个初始值为 0.02、终值为 3.2、公差为 0.05 的等差数列中依此取值作为 σ 的初始值，以 nlsur 方法估计式（4.11）~式（4.13）的三方程标准化供给面系统模型。具体见表 4-6。

从回归结果来看（见表 4-6），各发展中国家规模因子 ξ 的值同样都非常接近 1，符合我们的预期（期望值为 1）。各发展中国家的要素替代弹性在 0.635~3.085 之间，中位数为 0.846，大部分发展中国家的替代弹性小于 1，仅有 13 个发展中国家替代弹性大于 1，表明在经济发展过程中，大部分发展中国家的资本和劳动力要素之间是互补的。从要素效率来看，除了摩尔多瓦、蒙古和泰国劳动效率增长率不显著外，绝大多数发展中国家的资本效率增长率与劳动效率增长率估计值显著。24 个发展中国家相对效率增长率为负，18 个发展中国家相对效率增长率为正（表 4-6 倒数第二列），表明大部分发展中国家劳动效率增长率快于资本效率增长率。按照式（4.13）计算出各发展中国家平均技术进步偏向（表 4-6 最后一列），结果显示大部分发展中国家平均技术进步偏向为正，在 42 个发展中国家中，只有 11 个发展中国家平均技术进步偏向为负。所以总体来看，平均技术进步偏向表现为资本偏向。

表 4-6　跨国回归结果与平均技术进步偏向指数

国家	ξ	σ	α	γ_K	γ_L	$\gamma_K - \gamma_L$	Bias
亚美尼亚	0.867 ***	1.292 ***	0.312 ***	0.175 ***	0.022 8 ***	0.152 2	0.034 4
阿塞拜疆	0.934 ***	0.840 ***	0.667 ***	−0.089 4 ***	0.326 ***	−0.415 4	0.079 1
布隆迪	0.983 ***	0.725 ***	0.267 ***	−0.068 3 ***	0.050 0 ***	−0.118 3	0.044 9
布基纳法索	0.897 ***	1.616 ***	0.390 ***	0.027 1 ***	0.013 0 ***	0.014 1	0.005 4
保加利亚	1.021 ***	1.080 ***	0.493 ***	−0.109 ***	0.090 5 ***	−0.199 5	−0.014 8
白俄罗斯	0.919 ***	0.965 ***	0.424 ***	0.111 *	−0.010 3	0.121 3	−0.004 4
玻利维亚	0.924 ***	0.665 ***	0.421 ***	−0.020 4 ***	0.031 9 ***	−0.052 3	0.026 3
巴西	0.991 ***	0.726 ***	0.471 ***	0.016 5 ***	−0.000 653	0.017 153	−0.006 5
中国	0.972 ***	0.771 ***	0.389 ***	−0.069 0 ***	0.096 9 ***	−0.165 9	0.049 3
哥伦比亚	1.003 ***	0.729 ***	0.321 ***	−0.048 9 ***	0.029 5 ***	−0.078 4	0.029 1
哥斯达黎加	0.926 ***	0.834 ***	0.374 ***	−0.007 11 *	0.017 0 ***	−0.024 11	0.004 8
厄瓜多尔	0.969 ***	0.774 ***	0.538 ***	−0.007 36 ***	0.013 3 ***	−0.020 66	0.006 0
埃及	1.005 ***	1.296 ***	0.616 ***	0.001 79	−0.020 4 **	0.022 19	0.005 1
格鲁吉亚	1.010 ***	0.820 ***	0.594 ***	0.148 ***	−0.075 9 *	0.223 9	−0.049 2
克罗地亚	0.992 ***	0.783 ***	0.326 ***	−0.049 0 ***	0.030 7 ***	−0.079 7	0.022 1
印度	0.859 ***	0.615 ***	0.355 ***	−0.028 5 ***	0.068 2 ***	−0.096 7	0.060 5
伊朗	0.975 ***	1.239 ***	0.687 ***	0.048 3 ***	−0.091 4 ***	0.139 7	0.026 9
伊拉克	0.945 ***	1.520 ***	0.776 ***	−0.032 1 ***	0.163 ***	−0.195 1	−0.066 7
牙买加	1.072 ***	0.709 ***	0.444 ***	0.005 90 ***	−0.014 5 ***	0.020 4	−0.008 4
约旦	0.803 ***	0.909 ***	0.497 ***	−0.044 7 ***	0.079 3 ***	−0.124	0.012 4
哈萨克斯坦	0.957 ***	0.777 ***	0.517 ***	−0.023 0 ***	0.098 8 ***	−0.121 8	0.035 0
吉尔吉斯斯坦	1.015 ***	0.741 ***	0.399 ***	−0.028 6 ***	0.031 3 ***	−0.059 9	0.020 9
斯里兰卡	0.938 ***	0.739 ***	0.275 ***	−0.026 0 ***	0.048 5 ***	−0.074 5	0.026 3
莱索托	1.001 ***	0.839 ***	0.374 ***	−0.085 9 ***	0.088 4 ***	−0.174 3	0.033 4
摩洛哥	0.999 ***	1.363 ***	0.499 ***	0.010 7 ***	−0.011 2 ***	0.021 9	0.005 8
摩尔多瓦共和国	0.998 ***	0.931 ***	0.385 ***	0.142 ***	−0.014 0	0.156	−0.011 6
墨西哥	0.994 ***	1.314 ***	0.568 ***	0.029 1 ***	−0.048 5 ***	0.077 6	0.018 5
马其顿	0.967 ***	3.085 ***	0.355 ***	0.044 3 ***	−0.006 05 **	0.050 35	0.034 0

表4-6(续)

国家	ξ	σ	α	γ_K	γ_L	$\gamma_K - \gamma_L$	Bias
蒙古	0.942 ***	0.714 ***	0.620 ***	0.064 5 ***	0.007 63	0.056 87	-0.022 8
毛里求斯	1.007 ***	0.849 ***	0.526 ***	-0.069 3 ***	0.105 ***	-0.174 3	0.031 0
纳米比亚	1.028 ***	0.781 ***	0.399 ***	-0.088 1 ***	0.067 8 ***	-0.155 9	0.043 7
尼日利亚	0.907 ***	0.719 ***	0.662 ***	0.054 4 ***	-0.024 6 ***	0.079	-0.030 9
巴拿马	1.001 ***	0.859 ***	0.583 ***	-0.056 3 ***	0.098 3 ***	-0.154 6	0.025 4
秘鲁	0.913 ***	0.843 ***	0.628 ***	-0.032 8 ***	0.082 3 ***	-0.115 1	0.021 4
菲律宾	0.983 ***	0.804 ***	0.600 ***	-0.019 5 ***	0.069 5 ***	-0.089	0.021 7
塞内加尔	0.988 ***	1.118 ***	0.608 ***	-0.020 9 ***	0.048 0 ***	-0.068 9	-0.007 3
塞尔维亚	0.989 ***	1.349 ***	0.379 ***	0.061 1 ***	0.030 5 ***	0.030 6	0.007 9
泰国	0.972 ***	0.894 ***	0.624 ***	0.016 4 ***	-0.002 72	0.019 12	-0.002 3
突尼斯	0.976 ***	1.124 ***	0.493 ***	0.050 4 ***	-0.020 4 ***	0.070 8	0.007 8
坦桑尼亚共和国	0.944 ***	1.210 ***	0.524 ***	0.077 2 ***	-0.046 3 ***	0.123 5	0.021 4
委内瑞拉	1.003 ***	0.865 ***	0.590 ***	-0.044 7 ***	0.076 2 ***	-0.120 9	0.018 9
南非	0.986 ***	0.911 ***	0.422 ***	-0.087 3 ***	0.079 7 ***	-0.167	0.016 3

注:

(1)表中 *** 代表 $p<0.01$, ** 代表 $p<0.05$, * 代表 $p<0.1$。

(2)ξ 为表示规模系数的规模因子, σ 为资本—劳动替代弹性, α 为资本报酬份额, γ_K 表示样本区间内资本生产效率的平均增长率, γ_L 表示样本区间内劳动生产效率的平均增长率, $\gamma_K - \gamma_L$ 表示样本区间内的相对要素效率增长率,Bias 表示样本区间内平均的技术进步偏向指数。

三、二元经济结构与技术进步偏向

根据前述替代弹性和式(4.14)与式(4.15)计算出各地区每一年技术进步偏向,用系统 GMM 方法进行估计式(4.16),其中二元经济结构为二元对比系数控制变量选择,变量定义与第二节相同,即变量包括劳均资本存量增长率(dlnk)、政府支出增长率(dlg)、进出口增长率(dldw)。同样,为解决可能产生的弱工具变量问题,我们对解释变量的滞后阶数进行了限制。

表4-7 报告了不同控制变量下的估计结果。从回归的结果来看,不同的回归模型下二元对比系数对技术偏向作用系数差异较大,方程(3)中回归系数为正但不显著,其余方程系数为负,但是方程(1)、方程(2)和方程(5)回归系数在10%置信水平上均不显著。其原因可能在于样本国家包括了低收入国家、中下等收入国家和中上等收入国家,各国经济基

本情况差异较大。为解决这一问题，下文我们将进行分样本分析。

但是在回归结果中，进出口增长率与政府支出增长率对技术进步偏向的回归系数均显著且在不同方程中变化不大。结果表明，对外贸易增长率的系数为正，这意味着对外贸易增长越快，技术进步越偏向资本，这可能是对外贸易通过价格效应发挥作用的结果，即贸易促进了稀缺的劳动要素效率提高，在替代弹性大多小于 1 的情况下，技术进步更为偏向资本要素。与第二节不同的是，在跨国基本回归中，政府购买对技术进步资本偏向的影响在不同方程中一直是显著为正的，这可能反映了大部分发展中国家通过政府购买促进经济增长的大部分收益被资本方获得。劳均资本存量增长率对技术进步偏向的影响在不同模型中的作用均较小，且在方程（5）和方程（7）中均不显著，这同样表明，处于不同发展阶段的国家经济基本情况差异较大。

从系数显著性来看，方程（6）回归结果较为理想，我们以此为基准进行阐述。方程（6）中二元对比系数的回归系数为 -0.031 1，这表明，二元对比系数每增加一个单位，技术进步资本偏向下降 0.031 1 个单位。与本章第二节的国内分地区回归系数相比较，平均来说，发展中国家二元经济结构变动对技术进步偏向的影响要小得多。

表 4-7 跨国二元经济结构与技术进步偏向基本回归

变量名称	(1)	(2)	(3)	(4)	(5)	(6)	(7)
bias	-0.017 2	-0.035 0	0.050 4 **	-0.045 1 **	-0.035 1	-0.031 1 **	-0.085 4 ***
	(0.053 0)	(0.044 0)	(0.019 6)	(0.018 7)	(0.043 1)	(0.013 3)	(0.013 1)
dldw	0.005 56 ***		0.005 43 ***	0.007 67 ***		0.007 37 ***	
	(0.000 339)		(0.000 274)	(0.000 376)		(0.000 401)	
dlnk	1.91e-06 **	1.46e-06 ***		4.51e-07			3.06e-07
	(9.00e-07)	(4.52e-07)		(7.62e-07)			(4.38e-07)
dlg	0.002 76 **	0.004 97 ***	0.003 10 ***		0.005 94 ***		
	(0.001 30)	(0.000 849)	(0.000 689)		(0.000 786)		
常数	0.016 5	0.024 7	-0.003 56	0.027 2 ***	0.024 3 *	0.023 5 ***	0.043 5 ***
	(0.017 6)	(0.015 5)	(0.007 43)	(0.007 41)	(0.014 0)	(0.005 43)	(0.004 83)
L. d	-0.121 ***	-0.143 ***	-0.135 ***	-0.054 0 ***	-0.154 ***	-0.061 9 ***	-0.064 7 ***
	(0.021 2)	(0.006 72)	(0.017 9)	(0.013 2)	(0.009 04)	(0.010 3)	(0.002 85)
L2. d	-0.098 3 ***	-0.137 ***	-0.101 ***	-0.085 3 ***	-0.146 ***	-0.085 9 ***	-0.110 ***
	(0.015 8)	(0.010 6)	(0.013 6)	(0.007 95)	(0.011 2)	(0.005 26)	(0.004 34)

表4-7(续)

变量名称	(1)	(2)	(3)	(4)	(5)	(6)	(7)
样本数/个	478	487	478	746	487	746	758
国家数/个	35	35	35	42	35	42	42

注:

(1) 表中 *** 代表 $p<0.01$,** 代表 $p<0.05$,* 代表 $p<0.1$。

(2) 括号中数据为标准误。

(3) 有些控制变量没放进去,所以有空格。

四、分样本分析

基于基本回归分析结论,我们按照收入组(即低收入组、中下等收入组和中上等收入组)进行分样本回归分析。由于低收入组国家数较少,仅有 4 个,我们不便对低收入国家单独分组,因此分为低收入与中下等收入组和中上等收入组两组进行分析。

表4-8 报告了低收入和中下等收入国家组的回归结果。在 7 个添加不同控制变量的回归方程中,二元经济结构即二元对比系数对技术进步偏向的影响均为负,符合第一节理论预测,但是方程(5)和方程(7)的系数并不显著。在三个控制变量中,对外贸易和政府购买的系数与基本回归相同,劳均资本存量的系数大多不显著,且系数有正有负。从系数显著性来看,方程(3)回归结果较为理想,我们以此为基准进行阐述。方程(3)中二元对比系数的回归系数为-0.913,这表明,二元对比系数每增加一个单位,技术进步资本偏向下降 0.913 个单位。与本章第二节的国内分地区回归系数相比较,低收入和中下等收入国家二元经济结构变动对技术进步偏向的影响更大。这可能是由于我国已经进入了中上等国家组行列,经济运行的基本逻辑与低收入和中下等收入国家有了一定的差异所致。

表4-8 **低收入和中下等收入国家二元经济结构对技术进步偏向的影响**

变量名称	(1)	(2)	(3)	(4)	(5)	(6)	(7)
bias	−0.901 **	−0.856 *	−0.913 **	−0.171 *	−0.432	−0.195 **	−0.137
	(0.452)	(0.446)	(0.461)	(0.087 4)	(0.369)	(0.078 8)	(0.083 6)
dldw	0.003 05		0.003 83 **	0.010 1 ***		0.010 1 ***	
	(0.002 03)		(0.001 74)	(0.000 764)		(0.000 607)	
dlnk	−2.39e−06	1.17e−06		−6.13e−07			2.99e−06 *
	(2.12e−06)	(2.24e−06)		(2.89e−06)			(1.70e−06)

表4-8(续)

变量名称	(1)	(2)	(3)	(4)	(5)	(6)	(7)
dlg	0.012 8** (0.006 37)	0.003 25 (0.003 36)	0.006 53** (0.002 69)		0.007 56** (0.003 84)		
常数	0.271** (0.132)	0.263** (0.130)	0.277** (0.134)	0.069 3** (0.029 5)	0.144 (0.108)	0.077 6*** (0.026 1)	0.057 6** (0.026 8)
L. d	-0.419*** (0.139)	-0.131 (0.149)	-0.357*** (0.120)	0.009 85 (0.065 0)	-0.251 (0.199)	-0.032 7 (0.041 6)	-0.039 3 (0.030 8)
L2. d	-0.121 (0.106)	-0.321*** (0.114)	-0.194** (0.082 8)	-0.096 0*** (0.036 4)	-0.190*** (0.064 5)	-0.096 5*** (0.034 5)	-0.156*** (0.020 9)
样本数 /个	209	213	209	333	213	333	340
国家数 /个	16	16	16	19	16	19	19

注:

(1) 表中 *** 代表 $p<0.01$,** 代表 $p<0.05$,* 代表 $p<0.1$。

(2) 括号中数据为标准误。

(3) 有些控制变量没放进去,所以有空格。

表4-9报告了中上等收入国家组的回归结果。在7个添加不同控制变量的回归方程中,大部分方程的二元经济结构即二元对比系数的回归系数不显著,仅有方程(6)和方程(7)是显著的,且这两个方程中的二元对比系数为负,符合理论预测。在三个控制变量中,对外贸易和政府购买的系数都显著且符号与基本回归相同,劳均资本存量的系数大多不显著。从系数显著性来看,方程(6)回归结果较为理想,我们以此为基准进行阐述。方程(6)中二元对比系数的回归系数为-0.192,这表明,二元对比系数每增加一个单位,技术进步资本偏向下降0.192个单位。

表4-9 中上等收入国家二元经济结构对技术进步偏向的影响

变量名称	(1)	(2)	(3)	(4)	(5)	(6)	(7)
bias	0.074 0 (0.098 0)	0.012 2 (0.093 9)	-0.037 3 (0.084 8)	-0.121 (0.098 0)	-0.056 7 (0.077 9)	-0.192** (0.083 9)	-0.159*** (0.033 0)
dldw	0.003 85*** (0.000 989)		0.004 21*** (0.000 818)	0.006 88*** (0.000 494)		0.006 37*** (0.000 478)	
dlnk	1.17e-06 (1.33e-06)	1.48e-06* (8.35e-07)		1.05e-06 (1.30e-06)			3.64e-07 (1.21e-06)
dlg	0.002 42** (0.001 18)	0.005 50*** (0.001 68)	0.001 98* (0.001 15)		0.004 75*** (0.001 64)		

表4-9(续)

变量名称	(1)	(2)	(3)	(4)	(5)	(6)	(7)
常数	-0.003 77	0.017 6	0.038 1	0.052 9	0.043 3*	0.075 5***	0.067 0***
	(0.033 2)	(0.032 7)	(0.029 1)	(0.033 2)	(0.026 2)	(0.028 4)	(0.011 5)
L. d	-0.408***	-0.442***	-0.377***	-0.140***	-0.437***	-0.140***	-0.145***
	(0.074 5)	(0.051 5)	(0.062 0)	(0.030 8)	(0.048 7)	(0.032 0)	(0.031 4)
L2. d	-0.368***	-0.376***	-0.264***	-0.051 2*	-0.343***	-0.029 7	-0.083 3*
	(0.127)	(0.065 5)	(0.071 6)	(0.031 0)	(0.045 2)	(0.034 5)	(0.046 5)
样本数/个	269	274	269	413	274	413	418
国家数/个	19	19	19	23	19	23	23

注:

(1) 表中 *** 代表 $p<0.01$,** 代表 $p<0.05$,* 代表 $p<0.1$。

(2) 括号中数据为标准误。

(3) 有些控制变量没放进去,所以有空格。

五、跨国实证分析的基本结论

与中国跨省份的实证分析相比,跨国实证分析表明,第一,二元对比系数与技术进步偏向在大多数回归方程中是负相关的。这一结论基本符合第一节的理论预测,也与本章第二节的中国跨省份分析相同,即二元经济结构程度越严重,技术进步越偏向资本。第二,令人感到奇怪的是,在大部分回归方程中,劳均资本存量都没有显著的作用,且系数非常小。这一结论与 Acemoglu 模型的基本预测并不吻合,这可能与我们没有控制价格效应有关,但是其中的内在原因有待进一步探讨。第三,对处于不同发展阶段的国家而言,二元经济结构对技术进步偏向的影响有显著的差异,因此,这种影响很可能是非线性的。从普遍意义上来讲,越是处于早期的发展阶段,二元经济结构的影响越明显。

第五章 技术进步偏向的影响

创新、技术进步以及由此导致的全要素生产率的提升，是经济发展与社会进步的最根本动力。党的十九届五中全会审议通过的《中共中央关于制定国民经济和社会发展第十四个五年规划和二〇三五年远景目标的建议》就提出，"以改革创新为根本动力"。这意味着，在五大发展理念（创新、协调、绿色、开放、共享）中，改革创新是最根本、最重要的动力源。创新、技术进步能带来生产、生活、社会组织与社会管理方方面面的巨大变化。

第一节 相关研究概述

一、技术进步偏向与收入分配、就业

前已述及，技术进步偏向是指技术进步的结构，它又反过来影响经济的结构性方面。经济的结构包括了非常繁杂的内容，诸如经济增长与生产率、产业分布、对外贸易、收入分配等都会有结构性的内涵。技术进步偏向首先影响的是收入分配，因为技术进步偏向就是从收入分配的角度来定义的。技术进步偏向影响收入分配实际上是技术进步改变了不同要素的相对稀缺性，这既包括资本与劳动相权衡而言的相对稀缺性，又包括劳动投入不同组成部分之间的相对稀缺性。

已有相当多的研究说明了技术进步偏向影响资本与劳动之间收入分配格局，即技术进步偏向会影响资本与劳动这两种初始投入要素的收入份额。绝大部分研究认为，技术进步是资本偏向的，即技术进步偏向使得资本收入份额上升、劳动收入份额下降（刘岳平、文余源，2016；张莉，2012；王林辉、韩丽娜，2012）。一些典型的研究，如董直庆、安佰珊

（2013）指出，1979—2010年省际技术进步和行业技术进步以年均2.6%到13.3%不等的速率偏向资本，这拉动劳动收入份额下降27.2%。考虑到资本供给对资本报酬提升的抑制作用（约16%）后，其结果是使得劳动收入份额以年均1%的速率下降，即从1978年的57.1%降至2010年的41.6%。在此基础上，一些研究如王林辉、赵景、李金城（2015）认为技术进步偏向对收入分配的影响是非线性的。他们运用面板数据进行门槛回归后发现，要素禀赋结构对技术进步偏向的影响存在门槛效应。具体而言，劳动收入份额为U形变化，即劳动收入份额随着劳均资本的增加呈先下降后上升的趋势，而且目前我国多数地区（省、自治区、直辖市）处于U形左侧即下降阶段，只有少部分地区（省、自治区、直辖市）已经跨越了门槛值，进入到U形的右侧。这种门槛效应与我们在上一章中观察到的跨国结论一致。

正如阿布拉莫维茨（Abramovitz，1956）所言，索洛余值即全要素生产率"是对我们无知程度的度量"。技术进步偏向实际上也是对我们关于收入分配无知程度的度量。因为从定义上看，技术进步偏向与收入分配格局变化是同义语。在现实中，影响收入分配的因素有很多，如要素收入分配会受到产业结构和产业层面要素收入分配的影响（刘志恒、王林辉，2015），如果我们仅仅以技术进步偏向来解释收入分配，实际上是将那些所有的影响收入分配的因素打包成了技术进步偏向。这就是Acemoglu（2009）所言的以技术进步偏向解释收入分配变化是"同义语反复"或"套套逻辑"，即我们观察到了收入分配的变化，我们认为这是技术进步偏向导致的，我们又用技术进步偏向来解释收入分配的变化。很多研究就陷入这种"套套逻辑"之中，如刘岳平、文余源（2016）认为，对外开放导致技术进步偏向资本，使得资本收入份额上升，劳动收入份额下降；市场化程度提高导致技术进步偏向劳动要素，且提高劳动力收入份额。再如，刘丽（2008）认为，在工业化的发展过程中，如果更趋向于使用资本偏向型技术进步，则会导致实际工资下降；如果更趋向于使用劳动偏向型技术进步，则会导致实际工资上升。

这种"套套逻辑"，在我们仅仅是将所有影响收入分配的因素归结为一个整体的时候，也许是合理的。但是，在进行政策论述时，这种逻辑存在潜在的风险。这是因为，如果从字面意思上来看，从"技术"的角度来找收入分配的政策处方的话，可能会做无用功。这种"套套逻辑"背后隐含的假设是，技术进步偏向是一个外生或者先定的变量，正如我们在第三章第三节看到的那样，内生有偏技术进步理论（Acemoglu，2002、2009）力图表明，技术进步偏向其实是一个内生变量。

解决这种"套套逻辑"的一种方法是，找到与技术进步偏向无关的那些影响收入分配的因素，将收入分配的最终结果分解到技术进步偏向与这些因素上。在国内研究中，这一方面的典型研究有黄先海和徐圣（2009），他们将劳动收入份额变化来源分解为技术进步偏向、劳均资本（其文章称之为资本深化）的变动。其文章结论指出：资本深化能提高劳动收入份额，但是乘数（大于0小于1效应）缩小了其对劳动收入份额的正向拉动作用；劳动节约型技术进步（也就是资本偏向型技术进步）是影响收入分配变化的更大的主导性力量，它最终使得两类部门劳动收入份额下降。王燕和陈欢（2015）也同样认为乘数效应削弱了资本深化对劳动收入份额的正向拉动作用。本章第二节将根据袁鹏、朱进金（2019）的研究方法，将收入分配变动分解为三个部分：劳均资本存量变化、市场扭曲和技术进步偏向。

与收入分配相关的一个研究主题是就业。如果"套套逻辑"成立，也就是说技术进步偏向是先定的或者外生的，在要素相对供给不变时，已经发生的技术进步偏向改变了要素的相对稀缺性，从而影响要素的相对价格。具体来说，劳动偏向型技术进步会使得劳动的边际生产率提高，在劳动力市场完全竞争假设下，对劳动的需求增加，工资率提高，从而促使更多的人就业。相反，如果技术进步是劳动节约型的，那么就会使得对劳动的需求下降，工资率下降，就业减少。技术偏向性影响我国就业情况的典型研究如王光栋等（2015）、芦欢欢（2015）和雷钦礼等（2015）。王光栋等（2015）在估计技术进步偏向时区分了技术进步中的自主创新和技术引进，并认为不论何种偏向类型，自主创新都显著促进了我国就业增长，技术引进对就业增长的影响则是不确定的。

二、技能偏向与工资不平等

与资本—劳动报酬份额相关的一个话题是，技术进步偏向如何影响不同劳动者收入分配的变化。通常是将劳动投入按照受教育程度划分为有技能的劳动和无技能的劳动这两类，此类文献通常冠以技术进步"技能偏向"或"技能溢价""大学溢价"等概念。这类研究的基本逻辑其实与前述的从技术进步角度探讨资本—劳动收入分配格局相同，其本质仅仅是将生产要素中的劳动投入视为异质性的两类。

Murphy 和 Welch（1992）很早就发现，自20世纪70年代中期以来，美国所有部门大学毕业生工资份额都稳步上升，这就是技能溢价，即有技能的工人比无技能的工人工资更高（以技能工人工资与无技能工人工资之比来衡量）。后来 Autor 等（1998）进一步刻画了技能溢价的动态变化格局。据此，Katz 和 Murphy（1992）提出，过去50年来所发生的技术变化属于技能偏向的，新技术本质上是与技能互补或技能增进型的且是外生的（Krusell et al.，2000），"婴儿潮"提高了劳动投入中技能要素的相对供给，正是技术进步的这种技能偏向加剧了工资不平等，有技能的工人（受过大学及以上教育的劳动者）相对工资更高，无技能或低技能劳动者（受教育程度为高中及以下的工人）相对工资更低（Krusell et al.，2000）。

但是对于技术与技能互补且外生这一假设，Acemoglu（1998）提出了质疑，他认为工业革命中的技术进步是技能替代型而不是互补型的。例如，随着机器大工业的出现，能工巧匠或传统手工业手艺人逐步被淘汰了，失去了市场价值，并且他的一些文献（Acemoglu，1998、2002、2009）由此明确提出技术进步的偏向内生化问题（参见第三章第三节）。后来，Bénabou（2005）进一步指出了技能本身的异质性对于工资不平等的影响，即技能异质性越高，互补性越低，技能偏向性越强，这进一步放大了工资不平等程度。

最近十多年来，国内文献对于技能偏向或技能溢价也有相当多的讨论，主要集中在是否存在技能偏向即技能偏向的测量方面。典型研究如宋冬林、王林辉、董直庆（2010）。他们提出，中国1978—2007年的不同类型技术进步（中性技术进步、非中性技术进步和资本体现型技术进步）是技能偏向的，并且认为资本设备投资的高速增长导致了技术进步的技能偏向。总体来看，我国技术进步具有嵌入型（嵌入物质资本）和技能偏向的特征。

三、技术进步偏向与全要素生产率

正如第二章和第三章所述，全要素生产率是技术进步的实证表述。技术进步偏向是技术进步中的结构性因素，它当然会影响到技术进步或全要素生产率，因此将全要素生产率分解为技术进步偏向以及其他组成部分就是非常合乎逻辑的一种做法。值得注意的是，不同的实证方法决定了划分的内容，并由此带来了一些概念的细微差异。例如，采取基于线性规划的DEA（数据包络）方法进行划分时，是将技术进步划分为希克斯中性组成部分、偏向型组成部分以及效率组成部分，由此组合成总体的生产率。而像本章第三节中基于经济增长核算的划分方法，则不会出现效率组成部分（基于经济增长核算方法中的全要素生产率本身包括了效率，参见第二章）。这一方面的典型研究如雷钦礼和徐家春（2015）、董直庆和陈锐（2014）。前者将全要素生产率分解为要素配置效率部分和有偏技术进步部分，并指出，1978—2012年我国全要素生产率增长率年均值约为2.10%，技术进步与要素偏向均总体上偏向资本，两者的方向基本一致。本章第三节也将采用同样的分解方法分解我国各地区全要素生产率。

四、能源偏向：新的前进方向

根据前述逻辑，我们其实可以在生产过程中任意投入要素之间探讨技术进步偏向问题。最近二三十年来，可持续发展研究在各个学科都迅速发展。能源使用强度是可持续发展研究中的一个重要研究主题。在技术进步偏向逻辑框架下，能源使用强度又可以表述为生产技术进步的能源偏向。这一方面的研究近年来取得了相当大的进展，典型文献如陈晓玲和徐舒（2015）、王班班和齐绍洲（2015）。前者认为大多数工业行业技术进步是能源偏向型的，即倾向于使用更多的能源。后者则认为，我国工业部门技术进步总体上是能源节约型的。具体来说，能源和资本相比较是能源节约型的，能源与中间投入品相比较也是能源节约型的，但是能源和劳动力相比较则是劳动节约型的，也就是能源使用型的。两者结论的差异，一方面来自数据的不同，另一方面则来自实证方法的差异。

第二节　技术进步偏向与收入分配分解

一、引言

在一篇非常有影响力的长文中，Blanchard（1997）总结了20世纪七八十年代OECD主要经济体在一二十年内的典型事实的变化。Blanchard观察到当时的OECD主要经济体劳动者报酬份额都在下降。后来一些学者发现，劳动者报酬份额的变化不单单是发达国家的宏观经济趋势，发展中国家也同样如此（Karabarbounis、Neiman，2014）。如图 5-1 所示，中国劳动者报酬份额在 1978—2017 年总体下降，尤其是从 20 世纪 90 年代开始。值得注意的是，2004—2008 年劳动者报酬份额陡然下降然后又有所上升。吴晗等（2014）、池振合、杨宜勇（2013）、袁鹏、朱进金（2019）等认为，这是在此期间国家统计局对收入法 GDP 的核算方法进行调整所致。

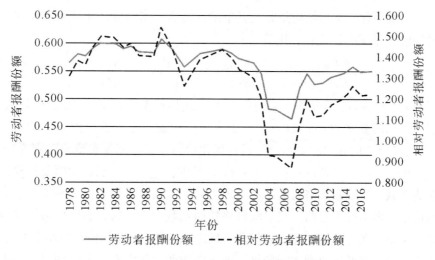

图 5-1　中国劳动者报酬份额与相对劳动者报酬份额变化

　　Blanchard（1997）猜测劳动者报酬份额下降的跨国共同趋势是技术进步偏向引起的。在总量上，技术进步偏向和要素密集程度即资本深化程度是影响收入分配的最直接因素。但是，如果要素市场非完全竞争，则要素报酬会偏离其边际产品，因此要素市场价格扭曲也成为影响收入分配格局的直接因素。其他诸如产业结构、税收、制度等因素通过这些直接因素影响收入分配。例如，税收政策会加剧或弱化要素市场扭曲，从而使得分配格局发生变化。

　　本节中我们采用袁鹏和朱进金（2019）的方法，将劳动者相对报酬份额的变化，即劳动者报酬份额与资本报酬份额之比的变化，分解为可解释的三部分：资本深化、技术进步偏向与要素价格扭曲。根据上一节的理解，在这里我们隐含假设技术进步偏向是外生的或与其他两个基本因素正交。

二、技术进步偏向估计与相对劳动者报酬份额分解方法

在要素市场扭曲假设下，三方程标准化供给面系统模型即技术进步偏向估计方程式与前文有所不同。和上一章式（4.9）一样，我们仍然假定生产函数为要素增进型的 CES 型：

$$Y(t) = [\alpha (A(t)K(t))^{\frac{\sigma-1}{\sigma}} + (1-\alpha)(B(t)L(t))^{\frac{\sigma-1}{\sigma}}]^{\frac{\sigma}{\sigma-1}} \quad (5.1)$$

如果两种要素市场均是完全竞争的，那么要素边际产出比等于要素相对价格（报酬率）之比，则有

$$\frac{MP_K}{MP_L} = \frac{\alpha}{1-\alpha} * (\frac{A(t)}{B(t)})^{\frac{\sigma-1}{\sigma}} (\frac{K(t)}{L(t)})^{-\frac{1}{\sigma}} = \frac{R(t)}{w(t)} \quad (5.2)$$

其中 $R(t)$、$w(t)$ 分别为 t 期的租金率（或称资本回报率）和工资率，它们是实际的要素价格。如果存在要素价格扭曲，生产者依据影子价格 $w(t)^s$、$R(t)^s$ 而非实际要素价格进行优化决策。假定两要素价格分别为：$w(t)^s = k_{wt} * w(t)$、$R(t)^s = k_{rt} * R(t)$，其中，k_{wt}、k_{rt} 分别表示两要素价格扭曲系数。当要素价格扭曲系数等于 1 时，表明要素影子价格等于要素实际价格，即不存在扭曲。当要素价格扭曲系数大于 1 时，表明要素影子价格高于要素实际价格，即负向扭曲。反之，当要素价格扭曲系数小于 1 时，要素影子价格低于要素实际价格，即正向扭曲。假定在一定时期内扭曲系数是指数型增长，即

$$k_{rt} = k_{i0}e^{\lambda_r(t-\bar{i}_0)} \quad (5.3)$$

$$k_{wt} = k_{i0}e^{\lambda_w(t-\bar{i}_0)} \quad (5.4)$$

生产者影子利润函数 Π^s 为

$$\Pi^s = Y(K, L) - w_t^s * L - r_t^s * K \quad (5.5)$$

式（5.5）中隐含假设产出为计价单位，即产出的价格始终为 1。最优化式（5.5）得到

$$\frac{MP_K}{MP_L} = \frac{\alpha}{1-\alpha} * (\frac{A(t)}{B(t)})^{\frac{\sigma-1}{\sigma}} (\frac{K(t)}{L(t)})^{-\frac{1}{\sigma}} = \frac{k_{rt}}{k_{wt}} \frac{R(t)}{w(t)} \quad (5.6)$$

在式（5.6）这一最优化决策规则下，按照 León-Ledesma、McAdam 和 Willman（2010）推导的上一章的三方程标准化供给面系统模型修改为

$$\ln\left(\frac{Y_t}{}\right) = \ln(\xi) + \frac{\sigma}{\sigma-1}\ln\left[\begin{array}{l} \alpha\,\dfrac{\overline{\pi}k_{r0}}{(1-\overline{\pi})k_{w0}+\overline{\pi}k_{r0}}\left(e^{\gamma_K(t-\bar{i})}\left(\underline{K_t}\right)\right)^{\frac{\sigma-1}{\sigma}} \\[3mm] +\,(1-\alpha)\,\dfrac{(1-\overline{\pi})k_{w0}}{(1-\overline{\pi})k_{w0}+\overline{\pi}k_{r0}}\left(e^{\gamma_L(t-\bar{i})}\left(\underline{L_t}\right)\right)^{\frac{\sigma-1}{\sigma}} \end{array}\right]$$

$$(5.7)$$

$$\ln\left(\frac{r_t K_t}{Y_t}\right) == \ln(\alpha) + \ln\frac{(1-\overline{\pi})k_{w0}+\overline{\pi}k_{r0}}{} - \frac{\sigma-1}{\sigma}\ln\left(\frac{Y_t/\overline{Y}}{K_t/\overline{K}}\right)$$

$$+ \frac{\sigma-1}{\sigma}\ln(\xi) + \left(\frac{\sigma-1}{\sigma}\gamma_K - \lambda_r\right)(t-\bar{i}) \qquad (5.8)$$

$$\ln\left(\frac{w_t L_t}{Y_t}\right) = \ln(1-\alpha) + \ln\frac{(1-\overline{\pi})}{(1-\overline{\pi})k_{w0}+\overline{\pi}k_{r0}}$$

$$- \frac{\sigma-1}{\sigma}\ln\left(\frac{Y_t/\overline{Y}}{L_t/\overline{L}}\right) + \frac{\sigma-1}{\sigma}\ln(\xi) + \left(\frac{\sigma-1}{\sigma}\gamma_L - \lambda_w\right)(t-\bar{i}) \qquad (5.9)$$

出于对后续推导方便的考虑，我们定义时间段内的劳动偏向指数，它是我们在第四章中定义的资本偏向指数的相反数。劳动偏向指数按照下式计算：

$$D = \frac{\sigma-1}{\sigma}(\gamma_L - \gamma_K) \qquad (5.10)$$

由此我们可以将劳动者相对报酬份额 $(1-\pi_t)/\pi_t$ 即劳动者报酬份额与资本报酬份额之比的变化分解为

$$\frac{\mathrm{dln}\left[(1-\pi_t)/\pi_t\right]}{\mathrm{d}t} = \frac{\sigma-1}{\sigma}*(\gamma_L-\gamma_K) + \frac{1-\sigma}{\sigma}\frac{\mathrm{dln}(K_t/L_t)}{\mathrm{d}t} + (\lambda_r - \lambda_w)$$

$$(5.11)$$

式（5.11）将劳动者相对报酬份额变化分解为技术进步劳动偏向指数（等式右边第一项）、资本深化效应（等式右边第二项）和相对要素价格扭曲效应（等式右边第三项）。从直观上来看，这三项分解对相对劳动报酬份额变化的影响是比较好理解的。技术进步的劳动偏向如果为正，从技术进步的定义来看，就是在指定的路径下提高了劳动者报酬份额。这个指定的路径即为劳均资本存量（资本密集度）不变的路径。第二项就是考虑资本密集度的影响。如果替代弹性大于 1 且资本密集度提高，资本相对需求（相对于劳动要素的需求）增加，资本边际产品与资本租金率提高，因而负向影响劳动者报酬份额。反过来，如果替代弹性小于 1，资本与劳动总体上是互补的，资本密集度提高反而会增加对劳动要素的相对需求，工资率提高，因而会对劳动者报酬有正面影响。最后一项的相对价格扭曲如果为正，则k_{rt}/k_{wt}提高，即相对于劳动扭曲而言，资本相对扭曲提高，因而对资本报酬份额变化有负面影响，对劳动报酬份额变化有正面影响。

三、模型估计结果

我们将研究期间划分为1978—1992年、1993—2012年（不含2004—2008年[①]）和2013—2017年等阶段。第一个阶段主要是改革开放到市场化改革前的时期，第二个阶段是市场化改革到进入新常态之前的时期，最后一个阶段是新常态时期。每一阶段我们采用面板数据的nlsur方法估计，初始参数选择为：k_{r0}和k_{w0}的初始值均选为1，λ_r、λ_w的初始值均设为0.01，其余参数选择与第四章第二节相同。需要注意的是，由于我们在这里采用的是面板数据，与第四章第二节采用时间序列数据估计不同，因此两者估计参数难以比较。为了和未考虑要素价格扭曲相比较〔三方程标准化供给面系统模型为上述式（5.7）、式（5.8）和式（5.9）〕，我们也用同样的方法和参数初始值估计了不考虑要素价格扭曲的结果〔三方程标准化供给面系统模型仍为上一章的式（4.11）、式（4.12）和式（4.13）〕，两种回归结果分别见表5-1和表5-2。

表5-1　考虑价格扭曲的回归结果

变量名称	1978—1992年	1993—2012年	2013—2017年	1978—2017年
ξ	12.60*** (1.193)	582.5*** (155.1)	2,272*** (615.1)	82.05*** (14.63)
σ	1.364*** (0.019 7)	1.119*** (0.005 40)	1.097*** (0.003 45)	1.173*** (0.007 77)
α	0.488*** (0.007 39)	0.505*** (0.004 69)	0.499*** (0.004 22)	0.522*** (0.003 94)
γ_K	0.027 6 (0.043 8)	0.063 5** (0.024 8)	−0.236* (0.124)	0.025 6*** (0.009 46)
γ_L	0.027 8 (0.040 1)	−0.037 0 (0.042 4)	0.331** (0.167)	0.025 8** (0.012 8)

---

① 在此期间，国家统计局对收入法GDP的核算方法疑似进行了调整，参见图5-1及其正文说明。

表5-1(续)

变量名称	1978—1992 年	1993—2012 年	2013—2017 年	1978—2017 年
k_{r0}	1.408 ***	1.536 ***	1.367 ***	1.506 ***
	(0.078 9)	(0.061 9)	(0.064 9)	(0.045 2)
k_{w0}	0.832 ***	0.668 ***	0.733 ***	0.702 ***
	(0.044 6)	(0.040 5)	(0.048 6)	(0.030 0)
λ_w	−0.008 81	−0.009 27 **	0.018 0	−0.004 95 ***
	(0.010 00)	(0.004 37)	(0.015 2)	(0.001 83)
λ_r	0.001 91	−0.000 136	−0.010 5	−0.002 97 **
	(0.010 4)	(0.002 78)	(0.011 8)	(0.001 30)
样本数/个	464	495	186	1 238

注：

（1）表中 *** 代表 $p<0.01$，** 代表 $p<0.05$，* 代表 $p<0.1$。

（2）括号中数据为标准误。

（3）分段估计中未包含 2004—2008 年的数据。

表5-2 未考虑价格扭曲的回归结果

变量名称	1978—1992 年	1993—2012 年	2013—2017 年	1978—2017 年
ξ	0.927 ***	0.847 ***	0.973 ***	0.708 ***
	(0.015 9)	(0.014 8)	(0.025 0)	(0.009 34)
σ	1.359 ***	1.134 ***	1.051 ***	1.176 ***
	(0.021 4)	(0.005 34)	(0.002 03)	(0.008 72)
α	0.400 ***	0.441 ***	0.454 ***	0.458 ***
	(0.005 97)	(0.003 42)	(0.003 42)	(0.003 68)
γ_K	0.001 80	0.027 8 **	−0.312 ***	0.020 2 ***
	(0.016 1)	(0.011 3)	(0.099 9)	(0.005 68)
γ_L	0.060 5 ***	0.060 5 ***	0.271 ***	0.060 3 ***
	(0.006 17)	(0.006 39)	(0.072 6)	(0.003 11)
样本数/个	464	495	186	1, 238

注：

（1）表中 *** 代表 $p<0.01$，** 代表 $p<0.05$，* 代表 $p<0.1$。

（2）括号中数据为标准误。

（3）分段估计中未包含 2004—2008 年的数据。

比较表 5-1 和表 5-2 我们会发现，第一，未考虑要素价格扭曲在三个分时间段和整个时间区间内的回归系数都比考虑了要素价格扭曲时的要素显著性高。第二，对于最为关键的参数即替代弹性来说，是否考虑要素价格扭曲的差异不大。下文我们主要讨论表 5-1 的结果。

在表 5-1 中，绝大多数估计系数都通过了显著性检验。在分时间段估计中，三个时间段的要素替代弹性 σ 估计值依次为 1.364、1.119、1.097，全样本的要素替代弹性 σ 估计值为 1.173，与采用同样数据结构和同样估计方法的其他研究结果类似（袁鹏、朱进金，2019）。不分时间段时的要素替代弹性 σ 估计值位于三个时间段的要素替代弹性 σ 估计值之间，表明估计较为合理。与袁鹏和朱进金（2019）不同的是，我们这里的估计结果表明，是否划分时间段对于替代弹性的估计值尽管有一定的影响，但是影响并不大。

现有文献大多假设替代弹性在全样本时间段内不变。正如我们在第三章和第四章所说，替代弹性其实是生产技术的一部分，它不可能在较长时期内不变（La Grandville，2009）。CES 生产函数假定替代弹性不变仅仅是一个简化的假设。La Grandville（2009）研究表明，在一定范围内，替代弹性越大，经济增长越快，其内在逻辑是，替代弹性越大，越能通过要素替代来适应经济环境的变化，从而越有可能做到最优，经济越能实现更快的增长。从表 5-1 和表 5-2 我们可以看出，无论是否考虑要素价格扭曲，我国的要素替代弹性都在下降，这可能是我国经济增长速度放缓的一个重要原因。

在表 5-1 中，不分时间段的全样本回归估计结果显示，资本增进型技术进步增长率和劳动增进型技术进步增长率都显著为正，且大小相差无几。在分时间段回归估计中，1978—1992 年时间段的资本增进型技术进步增长率和劳动增进型技术进步增长率都为正且同样大小相差无几，但是均不显著。1993—2012 年时间段的资本增进型技术进步增长率显著为正，劳动增进型技术进步增长率为负但不显著。2013—2017 年时间段的资本增进型技术进步增长率和劳动增进型技术进步增长率都显著，但是前者为负，后者为正，并且两者绝对值均明显大于其他两个时间段和全样本的估计值。最后一个时间段的要素增进型技术进步增长率估计值的显著变化，可能是因为我国经济进入新常态之后，资本利用率降低，产能过剩状况逐渐凸显。从总体来看，本节的要素增进型技术进步增长率的估计结果与戴天仕和徐现祥（2010）、陆雪琴和章上峰（2013）等前期文献一致。

　　由式（5.8）计算得出三个时间段和全样本的技术进步劳动偏向指数依次为0.000 053、-0.010 7、0.050 1和0.000 029。由此我们可以看到，第一个时间段和整个样本期内技术进步略微偏向，可以视为近似中性的。第二个时间段内技术进步较为明显资本偏向，第三个时间段内技术进步则明显劳动偏向。尽管在技术进步的相对要素增进型方面，我们与大部分前期研究结果一致，劳动增进型技术进步增长率超过资本技术进步增长率，即都是相对劳动增进型的技术进步。但是，我们的替代弹性估计值大于1，与大部分前期研究相反，因此我们在技术进步偏向判断上与大部分前期文献不一致。这可能是采用的回归数据结构不同所致。与我们采用同样数据处理方法的袁鹏和朱进金（2019）和我们这里所得结论一致。

　　三个分时段的资本要素扭曲基准值依次为1.408、1.563和1.367，全样本的资本要素扭曲基准值为1.506，全样本估计值位于三个分时间段估计值之间，结果较为合理。而且1978—1992年时间段的资本要素扭曲增长率为0.001 91，1993—2012年时间段的资本要素扭曲增长率为-0.000 136，两者先正后负，可以大致印证基准值的先增后减。

　　三个分时间段的劳动要素扭曲基准值依次为0.832、0.668和0.733，全样本的劳动要素扭曲基准值为0.702，全样本估计值位于三个分时间段估计值之间，结果较为合理。1978—1992年时间段的劳动要素扭曲增长率为-0.008 81，大致印证基准值从第一个时间段到第二个时间段下降。但是1993—2012年时间段的劳动要素扭曲增长率为-0.009 27，与基准值从第二个时间段到第三个时间段上升并不一致。这可能同样是第三个时间段样本数较少导致估计结果有一定偏误。

　　由第一时间段的扭曲系数基准值和三个时间段的扭曲系数增长率计算出各期的扭曲系数如图5-2所示（劳动扭曲系数为右纵轴）。与袁鹏和朱进金（2019）相比，本节的要素扭曲估计结果结论更为清晰，即在所有时间段内，资本扭曲系数均大于1，而劳动扭曲系数均小于1。这表明，资本实际价格低于其隐含价格即资本边际产品，而劳动实际价格高于其隐含价格即实际工资高于劳动的边际产品。前者可能是我国资本市场管制严格，从而导致资本价格被压低的事实（白俊红、卞元超，2016）。这种现象在发展中国家比较普遍。后者可能是我国二元经济结构所致。一般情况下，在二元经济中，传统部门的很多劳动者并不是按照边际产品获得报酬的，而是按照平均产品获得报酬的，平均产品超过了边际产品。这一现象也可能与我国国有企业乃至机关事业单位存在大量冗员有关。

从相对偏向变化来看，在三个时间段中，1978—1992年时间段和1993—2012年时间段的 k_{rt}/k_{wt} 在提高，两个时间段内的资本扭曲增长率大于劳动扭曲增长率，两者之差大于0。因此，在这两个时间段内，相对于劳动扭曲而言，资本相对扭曲提高，因而对资本报酬份额变化有负面影响，对劳动报酬份额变化有正面影响。2013—2017年时间段内的情况则相反。

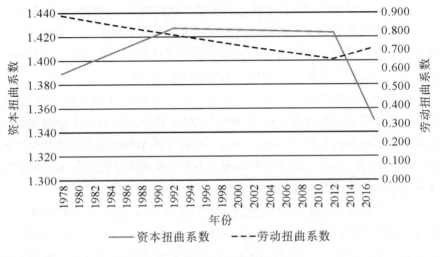

图 5-2　资本与劳动扭曲系数

四、收入分配分解

我们按照式（5.9）计算得出每一地区平均资本深化效应与收入分配变化率平均值和三个时间区间内所有地区劳动相对报酬份额变化率分解平均值，依次如表 5-3 和表 5-4 所示（表 5-3 中各地区的分时间段技术进步偏向效应与相对要素价格扭曲效应与表 5-4 相同，故未列出）。

表 5-3　分省份资本深化效应与相对劳动报酬份额变化　　单位：%

省份	1978—1992年		1993—2012年		2013—2017年	
	资本深化	劳动报酬	资本深化	劳动报酬	资本深化	劳动报酬
北京	-3.885	-2.808	-0.832	-0.987	-0.447	1.716
天津	-1.961	-0.884	-1.544	-1.700	-1.022	1.142

表5-3(续)

省份	1978—1992 年		1993—2012 年		2013—2017 年	
	资本深化	劳动报酬	资本深化	劳动报酬	资本深化	劳动报酬
河北	−1.450	−0.373	−1.685	−1.840	−0.890	1.274
山西	−1.385	−0.307	−1.500	−1.656	−0.883	1.281
内蒙古	−2.022	−0.945	−2.070	−2.225	−0.918	1.246
辽宁	−1.108	−0.031	−1.430	−1.586	−0.831	1.333
吉林	−1.240	−0.163	−1.862	−2.017	−0.819	1.344
黑龙江	−2.052	−0.975	−1.239	−1.395	−1.096	1.067
上海	−3.053	−1.975	−1.331	−1.486	−0.224	1.939
江苏	−3.349	−2.272	−1.694	−1.849	−0.730	1.434
浙江	−2.252	−1.174	−2.537	−2.692	−0.950	1.214
安徽	−1.803	−0.726	−1.426	−1.582	−1.082	1.081
福建	−1.974	−0.896	−1.891	−2.047	−1.082	1.082
江西	−2.266	−1.189	−1.159	−1.314	−0.745	1.419
山东	−2.265	−1.188	−1.631	−1.786	−0.938	1.225
河南	−1.683	−0.605	−1.755	−1.911	−1.088	1.076
湖南	−0.859	0.218	−1.743	−1.899	−1.204	0.960
湖北	−1.331	−0.254	−1.718	−1.874	−1.269	0.895
广东	−2.401	−1.324	−1.411	−1.566	−0.810	1.353
广西	−0.361	0.716	−2.070	−2.225	−1.105	1.059
海南	−3.123	−2.046	−1.374	−1.529	−1.049	1.114
重庆	−0.201	0.876	−2.262	−2.417	−1.289	0.875
四川	−1.544	−0.467	−2.136	−2.291	−1.065	1.099
贵州	−0.876	0.201	−1.547	−1.702	−1.359	0.805
云南	−0.211	0.866	−1.588	−1.743	−1.381	0.783
西藏	−1.981	−0.904	−1.698	−1.853	−0.892	1.271
陕西	−1.636	−0.558	−1.653	−1.809	−0.562	1.602
甘肃	−0.259	0.818	−1.278	−1.434	−0.927	1.237
青海	−0.878	0.199	−1.398	−1.554	−1.557	0.607
宁夏	−0.526	0.552	−1.352	−1.508	−1.278	0.886
新疆	−2.524	−1.447	−1.338	−1.493	−0.951	1.212

表 5-4　分时间段相对劳动报酬份额变化分解　　　单位:%

时间区间	技术进步偏向	资本深化效应	要素相对扭曲效应	劳动报酬相对变化
1978—1992 年	0.005	-1.692	1.072	-0.615
1993—2012 年	-1.069	-1.618	0.913	-1.773
2013—2017 年	5.014	-0.982	-2.850	1.182

分三个时间段来看，三种效应的作用大小和方向都有一定变化。具体而言，1985—1992 年，劳动相对报酬份额年均增长率为-0.615%，总体上在收入分配关系中，劳动者报酬在恶化，其中资本深化效应变化与劳动相对报酬份额变化方向相同，大小为-1.692%，绝对值超过劳动相对报酬份额变化，是收入分配中劳动收入恶化的原因；技术进步偏向与要素相对价格扭曲变化方向则与相对劳动报酬份额相反，缓解了收入分配中劳动报酬份额的恶化趋势，其中要素相对报酬份额变化绝对值较大，为1.072%，技术进步偏向变化的大小几可忽略不计，仅为0.005%。

1993—2012 年，劳动相对报酬份额年均下降1.773%。收入分配关系中劳动报酬恶化趋势比前一个时间段更为明显。在这一时间段内，技术进步偏向与资本深化均助推了劳动相对报酬份额恶化趋势，其中技术进步偏向年均下降1.069%，资本深化更甚，下降了1.618%。要素价格相对扭曲则对劳动者报酬恶化趋势有较大缓解作用，其大小接近年均1%。

2013—2017 年，劳动者相对报酬份额提高，年均1.182%，收入分配朝着有利于劳动者方向运行。劳动者收入分配改善的唯一贡献因素是技术进步偏向，这一时期的技术进步较为明显，年均增长率高达5.014%。资本深化和相对要素价格扭曲则对劳动报酬份额都有恶化作用，其中后者年均下降高达2.85%，前者也下降接近1%。

分地区来看，每一地区的劳动相对报酬份额变化估计结果基本与总体平均相同，即第一个时间段和第二个时间段为负，第三个时间段为正。相对劳动报酬份额分解结果也与总体情况几乎相同（分解方法其实只能看出资本深化的差异），资本深化几乎在所有地区所有时间段内均是负的，即恶化了收入分配。

在所有时间段内，资本深化均恶化了收入分配中的劳动报酬变化。这一结论与相似研究（袁鹏、朱进金，2019）是一致的。但是与袁鹏和朱进金（2019）不同的是，我们在这里发现，在经济进入新常态之前的两个时间段内，资本深化效应恶化劳动报酬分配的程度几乎没有变化，反而在进入新常态之后即进入2012年之后资本深化恶化劳动报酬分配的程度才有所缓解。前已述及，在替代弹性大于1的情况下，资本深化均会恶化劳动者报酬的变化。显而易见，改革开放以来，我国劳均资本存量一直在提升，资本深化程度在加剧，因而导致资本深化不断恶化劳动报酬份额的变化。

与资本深化效应不同，技术进步偏向在进入新常态之前基本上恶化收入分配中的劳动报酬份额变化，而在进入新常态之后则是改善这一变化。相对要素价格扭曲效应则几乎与技术进步偏向相反，在进入新常态之前都有利于收入分配中的劳动报酬份额变化，而在进入新常态之后则不利于这一变化。相对要素价格效应的这一特点可能是我国市场经济体制改革在进入新常态之后进入"深水区"的一种反映。

从分解出来的三个组成部分的相对大小来看，总体上资本深化效应较大，其次是相对价格扭曲效应，技术进步偏向效应最小。可以认为，资本深化效应是我国改革开放以来40余年的收入分配格局变化的主导力量。

第三节　技术进步偏向与全要素生产率分解

一、基于核算方法的分解方法

我们参考雷钦礼和徐家春（2015）的方法，分解各地区全要素生产率。生产函数仍假设为不变替代弹性（CES）型：

$$Y(t) = [\alpha (A(t)K(t))^{\frac{\sigma-1}{\sigma}} + (1 - \alpha) (B(t)L(t))^{\frac{\sigma-1}{\sigma}}]^{\frac{\sigma}{\sigma-1}} \quad (5.1)$$

我们定义 $\rho = \dfrac{\sigma - 1}{\sigma}$，并将该生产函数在 $\rho = 0$ 处进行二阶泰勒近似（Kmenta，1967），得到

$$\ln Y(t) = \alpha \ln(A(t)K(t)) + (1 - \alpha)\ln(B(t)L(t))$$
$$- \frac{1}{2}\rho\alpha(1 - \alpha)\left(\ln\left(\frac{A(t)}{B(t)}\right) + \ln\left(\frac{K(t)}{L(t)}\right)\right)^2 \quad (5.12)$$

将式（5.12）变形为增长率的形式：

$$\frac{\dot{Y}(t)}{Y(t)} = \alpha\left(\frac{\dot{A}(t)}{A(t)} + \frac{\dot{K}(t)}{K(t)}\right) + (1-\alpha)\left(\frac{\dot{B}(t)}{B(t)} + \frac{\dot{L}(t)}{L(t)}\right)$$

$$- \rho\alpha(1-\alpha)\left(\ln\left(\frac{A(t)}{B(t)}\right) + \ln\left(\frac{K(t)}{L(t)}\right)\right)\left(\frac{\dot{A}(t)}{A(t)} - \frac{\dot{B}(t)}{B(t)} + \frac{\dot{K}(t)}{K(t)} - \frac{\dot{L}(t)}{L(t)}\right)$$

$$(5.13)$$

我们定义全要素生产率增长率为 $\frac{\dot{T}(t)}{T(t)} = \frac{\dot{Y}(t)}{Y(t)} - \left(\alpha\frac{\dot{K}(t)}{K(t)} + (1-\alpha)\frac{\dot{L}(t)}{L(t)}\right)$，即全要素生产率增长率等于产出增长率减去要素投入增长率的加权和[①]，由此得到

$$\begin{aligned}
\frac{\dot{T}(t)}{T(t)} &= \alpha\frac{\dot{A}(t)}{A(t)} + (1-\alpha)\frac{\dot{B}(t)}{B(t)} \\
&+ D(t)\alpha(1-\alpha)\ln\left(\frac{A(t)}{B(t)}\right) \\
&+ S(t)(1-\sigma)\alpha(1-\alpha)\ln\left(\frac{K(t)}{L(t)}\right) \\
&+ \alpha(1-\alpha)\left[S(t)(1-\sigma)\ln\left(\frac{A(t)}{B(t)}\right) + D(t)\ln\left(\frac{K(t)}{L(t)}\right)\right]
\end{aligned}$$

$$(5.14)$$

其中 $S(t) = -\frac{1}{\sigma}\left(\frac{\dot{K}(t)}{K(t)} - \frac{\dot{L}(t)}{L(t)}\right)$ 为资本—劳动比（劳均资本）对相对边际产品的偏向影响，也就是资本深化对相对边际产品的作用，可视为要素偏向效应（即偏离了 Hicks 中性假设指定路径 P，参见第三章）。式（5.14）将全要素生产率的增长率分解为五个部分，我们将这五个部分分为两类：式（5.14）第一行等式右侧的数量效应［资本增进型技术（或称资本效率）增长率与劳动增进型技术进步增长率之加权和］和结构效应（第二行的技术进步偏向效应、第三行的资本深化效应以及第四行的技术进步偏向与要素偏向交互效应）。式（5.14）中需要计算每一时点上的资本增进型和劳动增进型技术水平，用如下公式计算得出：

$$A(t) = \frac{Y(t)}{K(t)}\left(\frac{\text{SOK}(t)}{\alpha}\right)^{\frac{\sigma}{\sigma-1}} \qquad (5.15)$$

[①] 当替代弹性趋向于 1 时，CES 生产函数为 C-D 型，此时 α 为通常所用的资本产出弹性，故此我们仍以要素产出弹性作为权重。

$$B(t) = \frac{Y(t)}{L(t)} \left(\frac{\mathrm{SOK}(t)}{1-\alpha} \right)^{\frac{\sigma}{\sigma-1}} \tag{5.16}$$

其中 SOK(t) 和 SOL(t) 为资本报酬份额和劳动报酬份额，由核算数据得出（参见第四章）。计算所需其余参数 α、σ 由第四章第二节所示的三方程标准化供给面系统模型估计得出，每一时点上的偏向指数亦以与第四章第二节同样的方法计算得出。

二、全国总体全要素生产率分解

我们将第四章第二节所用资本投入、劳动投入和产出数据加总得到全国总体相应数据[①]，全国总体劳动者报酬份额为各省、自治区和直辖市劳动者报酬份额的加权和，权重为各省、自治区和直辖市的地区生产总值。我们按照第四章第二节的 nlsur 方法与参数初始取值取非线性估计出三方程标准化供给面系统模型，结果如表 5-5 所示。

从系数显著性来看，方程估计效果较好。估计的所有参数均在正常范围内，尤其是替代弹性小于 1，符合经济学直觉，也与大部分研究一致（参见第四章）。按照式（4.13）计算出的平均技术进步偏向为 0.015 8，时点技术进步偏向的算术均值为 0.012 8。这一结果表明，我国总体技术进步是资本偏向的，与第四章分省份估计总体结论以及大多数国内研究相符。

表 5-5　估计系数

ξ	σ	α	γ_K	γ_L	样本数/个
0.742 ***	0.907 ***	0.410 ***	−0.043 8 ***	0.110 ***	
(0.007 86)	(0.007 76)	(0.003 66)	(0.007 20)	(0.006 17)	40

注：

（1）表中 *** 代表 $p<0.01$，** 代表 $p<0.05$，* 代表 $p<0.1$。

（2）ξ 为表示规模系数的规模因子，σ 为资本—劳动替代弹性，α 为资本报酬份额，γ_K 表示样本区间内资本生产效率的平均增长率，γ_L 表示样本区间内劳动生产效率的平均增长率。

我们根据表 5-5 的估计参数，按照上述式（5.14）计算出全要素生产率的不同组成部分（见表 5-6）。分时间段来看，总体全要素生产率（表 5-6 中最后一列）在 1993—1997 年时间段和 2003—2007 年时间段最高，算

---

① 由于我国采用的是分级统计，分省份产出和投资数据相加与《中国统计年鉴》报告的全国数据并不一致，有时甚至差异较大。参见：蔡晓陈. 中国二元经济结构变动与全要素生产率周期性：基于原核算与对偶核算 TFP 差异的分析 [J]. 管理世界，2012（6）：8-16，59.

术均值均为 0.055。前一时间段可能是由于刚刚确立市场体制释放的效率，后一时间段与加入世界贸易组织有关。观察全要素生产率分解成的不同组成部分后可以发现，第一，数量效应和结构效应相比较，数量效应主导了全要素生产率的进步，结构效应不但在量值上较小，而且大部分年份与全要素生产率符号相反。平均来看（算数平均），全要素生产率增长率为3.4%，数量效应增长率为4.1%，而结构效应增长率为-0.7%。第二，从数量效应的内部构成来看，劳动增进型技术进步率主导了数量效应，它与数量效应符号基本一致，平均为5.4%，而资本增进型技术进步率大部分年份为负，平均为-1.3%。第三，从结构效应内部不同组成部分来看，技术偏向是结构效应的主导性因素，两者方向一致。结构效应增长率平均值为-0.7%，技术进步偏向增长率平均值为-0.9%，要素偏向和交互效应增长率的平均值均约为0.1%。

表 5-6   全国总体全要素生产率分解

年份	数量效应			结构效应			全要素生产率
	总体数量效应	资本效率	劳动效率	技术偏向	要素偏向	交互效应	
1979	0.016	0.120	-0.104	-0.022	0.003	0.023	0.021
1980	0.035	-0.027	0.062	0.007	0.003	-0.011	0.033
1981	-0.005	0.127	-0.133	-0.030	0.002	0.026	-0.006
1982	0.048	0.101	-0.053	-0.021	0.001	0.016	0.044
1983	0.042	-0.008	0.050	0.006	0.002	-0.008	0.043
1984	0.094	0.019	0.076	0.005	0.004	-0.009	0.094
1985	0.067	-0.076	0.142	0.021	0.004	-0.024	0.067
1986	-0.004	0.002	-0.006	-0.001	0.005	-0.005	-0.005
1987	0.044	-0.104	0.148	0.019	0.004	-0.025	0.042
1988	0.034	-0.027	0.061	0.006	0.005	-0.011	0.034
1989	-0.013	-0.031	0.018	0.003	0.003	-0.007	-0.013
1990	-0.019	0.218	-0.237	-0.050	0.001	0.032	-0.036
1991	0.042	-0.110	0.152	0.022	0.002	-0.020	0.045
1992	0.112	-0.146	0.258	0.019	0.002	-0.028	0.105
1993	0.133	-0.205	0.338	-0.001	0.003	-0.033	0.102
1994	0.045	0.099	-0.054	-0.002	0.003	0.008	0.055

表5-6(续)

年份	数量效应			结构效应			全要素生产率
	总体数量效应	资本效率	劳动效率	技术偏向	要素偏向	交互效应	
1995	0.023	0.103	-0.080	-0.006	0.003	0.008	0.027
1996	0.050	0.017	0.033	0.000	0.003	-0.002	0.050
1997	0.039	0.017	0.023	0.000	0.002	-0.002	0.040
1998	0.036	0.008	0.028	0.000	0.002	-0.002	0.036
1999	0.038	-0.069	0.107	0.002	0.002	-0.005	0.037
2000	0.048	-0.112	0.160	-0.003	0.001	-0.005	0.041
2001	0.049	-0.041	0.090	-0.003	0.001	0.000	0.047
2002	0.066	-0.055	0.121	-0.007	0.000	0.001	0.061
2003	0.099	-0.162	0.261	-0.034	0.000	0.003	0.068
2004	0.253	-0.574	0.826	-0.297	0.000	0.014	-0.030
2005	0.073	-0.017	0.091	-0.022	0.000	0.015	0.066
2006	0.123	-0.054	0.176	-0.052	0.000	0.012	0.082
2007	0.129	-0.053	0.182	-0.057	-0.001	0.016	0.087
2008	-0.287	0.399	-0.686	0.172	-0.001	-0.015	-0.131
2009	-0.054	0.211	-0.265	0.055	-0.002	-0.007	-0.007
2010	0.114	-0.166	0.280	-0.069	-0.002	0.025	0.068
2011	0.039	-0.003	0.042	-0.006	-0.003	0.012	0.042
2012	0.001	0.065	-0.064	0.020	-0.003	0.004	0.021
2013	0.017	0.010	0.006	0.001	-0.003	0.008	0.023
2014	0.003	0.027	-0.024	0.008	-0.003	0.005	0.012
2015	-0.005	0.076	-0.081	0.020	-0.003	-0.004	0.008
2016	0.048	-0.099	0.147	-0.036	-0.003	0.024	0.032
2017	0.031	-0.003	0.035	-0.005	-0.004	0.010	0.033

三、分省份全要素生产率分解

根据第四章第二节的分省份三方程标准化供给面系统模型估计的结果（表4-2），并考虑到式（5.16）和式（5.17）中如果替代弹性接近1，所得计算结果会出现异常情况。为此，我们不考虑估计所得 σ 与1之差超过

0.1 的 13 个地区①，这些地区为：河北省、内蒙古自治区、辽宁省、吉林省、江苏省、浙江省、福建省、湖北省、广东省、海南省、重庆市、贵州省、宁夏回族自治区和新疆维吾尔自治区。表 5-7 报告了其余各省份分时间段分解结果。在分时间段分解过程中，各式中资本投入、劳动投入、偏向指数等由时间段内平均值计算得到，并由平均值计算得出时间段内的要素偏向指数，并将所有生产率指数化为时间段内的几何均值。

表 5-7　分省份全要素生产率分解

省份	时间段	数量效应			结构效应			全要素生产率
		总体数量效应	资本效率	劳动效率	技术偏向	要素偏向	交互效应	
北京	1978—1982 年	−0.054	−0.004	−0.05	0.008	0.009	0.017	−0.02
	1983—1987 年	0.003	−0.03	0.033	−0.011	0.009	0.011	0.012
	1988—1992 年	−0.037	−0.006	−0.031	0.005	−0.003	0.014	−0.021
	1993—1997 年	0.042	0.026	0.016	0.001	−0.007	0.004	0.04
	1998—2002 年	0.051	0.009	0.042	−0.006	−0.009	0.015	0.051
	2003—2007 年	0.051	0.035	0.016	0.002	−0.001	−0.002	0.05
	2008—2012 年	0.082	0.116	−0.034	−0.001	−0.002	−0.031	0.048
	2013—2017 年	0.019	−0.004	0.023	0.001	−0.007	0.007	0.02
	1978—2017 年	0.020	0.017	0.003	0.000	−0.002	0.004	0.022
天津	1978—1982 年	0.001	0.044	−0.043	0.021	−0.003	−0.005	0.014
	1983—1987 年	0.034	−0.043	0.077	−0.03	−0.004	0.023	0.023
	1988—1992 年	0.03	−0.072	0.102	−0.001	−0.001	0.006	0.034
	1993—1997 年	0.058	−0.12	0.178	0.069	0	−0.014	0.113
	1998—2002 年	0.107	0.149	−0.042	−0.046	0.005	−0.003	0.063
	2003—2007 年	0.057	0.091	−0.034	−0.007	0.006	0.013	0.069
	2008—2012 年	0.046	−0.093	0.139	0.061	0.015	−0.068	0.054
	2013—2017 年	−0.003	−0.063	0.06	0.046	0.016	−0.055	0.004
	1978—2017 年	0.035	−0.019	0.054	0.013	0.004	−0.014	0.039

---

① 如果替代弹性趋向于 1，生产函数为 C-D 类型，则式 (5.16) 和式 (5.17) 的计算公式不适用。

表5-7(续)

省份	时间段	数量效应			结构效应			全要素生产率
		总体数量效应	资本效率	劳动效率	技术偏向	要素偏向	交互效应	
山西	1978—1982 年	0.061	0.091	-0.03	-0.048	0.003	0.028	0.044
	1983—1987 年	0.033	-0.086	0.119	0.077	0.012	-0.066	0.056
	1988—1992 年	0.029	0.031	-0.002	-0.007	0.004	0	0.026
	1993—1997 年	0.086	-0.021	0.107	0.01	0.004	-0.021	0.079
	1998—2002 年	0.041	-0.008	0.049	0	0.005	-0.005	0.041
	2003—2007 年	0.09	-0.049	0.139	-0.037	0	0.014	0.067
	2008—2012 年	-0.016	0.037	-0.053	0.017	-0.01	0.004	-0.005
	2013—2017 年	-0.003	0.004	-0.007	0.001	-0.012	0.005	-0.009
	1978—2017 年	0.036	-0.004	0.040	0.002	0.001	-0.006	0.033
黑龙江	1978—1982 年	-0.009	0.006	-0.015	-0.006	0.013	-0.007	-0.009
	1983—1987 年	0.01	0.038	-0.028	-0.025	0.013	-0.011	-0.013
	1988—1992 年	0.022	-0.091	0.113	0.059	0.004	-0.04	0.045
	1993—1997 年	0.048	0.045	0.003	-0.006	0.003	0.002	0.047
	1998—2002 年	0.046	0.002	0.044	0.005	0.003	-0.008	0.046
	2003—2007 年	0.085	-0.075	0.16	-0.036	0	0.006	0.055
	2008—2012 年	0.014	0.005	0.009	0	-0.007	0.017	0.024
	2013—2017 年	0.001	0.017	-0.016	0.006	-0.013	0.006	0
	1978—2017 年	0.025	-0.008	0.033	-0.001	0.002	-0.004	0.022
上海	1978—1982 年	-0.029	-0.002	-0.027	0.004	0.008	0.012	-0.005
	1983—1987 年	-0.021	0.012	-0.033	0.005	0.006	0.01	0
	1988—1992 年	0.008	0.042	-0.034	0.001	0	0.001	0.01
	1993—1997 年	0.041	-0.054	0.095	-0.012	-0.005	0.016	0.04
	1998—2002 年	0.045	0.043	0.002	0.004	-0.009	0.002	0.042
	2003—2007 年	0.064	-0.005	0.069	-0.016	-0.006	0.022	0.064
	2008—2012 年	0.053	0.106	-0.053	0.009	-0.004	-0.031	0.027
	2013—2017 年	0.02	0.021	-0.001	0	-0.003	-0.004	0.013
	1978—2017 年	0.022	0.020	0.002	-0.001	-0.002	0.003	0.022

表5-7(续)

省份	时间段	数量效应			结构效应			全要素生产率
		总体数量效应	资本效率	劳动效率	技术偏向	要素偏向	交互效应	
安徽	1978—1982年	0.075	0.063	0.012	-0.05	0	0.035	0.06
	1983—1987年	0.025	-0.045	0.07	0.071	0.032	-0.095	0.033
	1988—1992年	0.002	-0.048	0.05	0.058	0.01	-0.055	0.015
	1993—1997年	0.091	0.028	0.063	0.004	0.013	-0.021	0.087
	1998—2002年	0.065	-0.062	0.127	0.024	0.009	-0.045	0.053
	2003—2007年	0.07	-0.015	0.085	-0.007	0.007	-0.007	0.063
	2008—2012年	0.046	0.014	0.032	-0.001	0.002	0.006	0.053
	2013—2017年	0.041	-0.026	0.067	-0.021	-0.005	0.023	0.038
	1978—2017年	0.050	-0.014	0.064	0.011	0.009	-0.022	0.047
江西	1978—1982年	0.03	0	0.03	0.012	0.009	-0.023	0.028
	1983—1987年	0.041	-0.008	0.049	0.026	0.01	-0.033	0.044
	1988—1992年	0.016	-0.042	0.058	0.015	0.01	-0.025	0.016
	1993—1997年	0.068	0.048	0.02	-0.014	0.005	-0.006	0.053
	1998—2002年	0.041	-0.026	0.067	0.024	0.003	-0.019	0.049
	2003—2007年	0.123	-0.105	0.228	-0.049	-0.001	0.014	0.087
	2008—2012年	0.086	0.013	0.073	-0.011	-0.002	0.012	0.085
	2013—2017年	0.058	-0.005	0.063	-0.021	-0.005	0.023	0.055
	1978—2017年	0.056	-0.017	0.073	-0.003	0.003	-0.007	0.050
山东	1978—1982年	0.038	0.076	-0.038	-0.03	0.009	0.012	0.029
	1983—1987年	0.049	0.011	0.038	0.009	0.009	-0.023	0.044
	1988—1992年	0.049	-0.072	0.121	0.042	0.005	-0.034	0.062
	1993—1997年	0.051	0.007	0.044	0.002	0.005	-0.007	0.051
	1998—2002年	0.045	0.047	-0.002	-0.005	0.002	-0.005	0.037
	2003—2007年	0.195	-0.146	0.341	-0.094	-0.002	0.025	0.124
	2008—2012年	0.021	0.028	-0.007	0.009	-0.005	0.009	0.034
	2013—2017年	0.021	0.052	-0.031	0.019	-0.007	0.001	0.034
	1978—2017年	0.051	-0.004	0.055	-0.006	0.002	-0.003	0.043

表5-7(续)

省份	时间段	数量效应			结构效应			全要素生产率
		总体数量效应	资本效率	劳动效率	技术偏向	要素偏向	交互效应	
河南	1978—1982 年	0.046	0.03	0.016	-0.007	0.005	-0.004	0.04
	1983—1987 年	0.082	0.069	0.013	-0.023	0.007	-0.002	0.064
	1988—1992 年	0.024	-0.087	0.111	0.056	0.005	-0.04	0.045
	1993—1997 年	0.073	0.003	0.07	0.014	0.006	-0.019	0.074
	1998—2002 年	0.074	-0.111	0.185	-0.002	0.004	-0.021	0.055
	2003—2007 年	0.128	-0.058	0.186	-0.048	0.002	0.01	0.092
	2008—2012 年	-0.001	0.093	-0.094	0.023	-0.004	0.003	0.021
	2013—2017 年	0.036	-0.058	0.094	-0.03	-0.007	0.029	0.028
	1978—2017 年	0.052	-0.019	0.070	-0.002	0.002	-0.006	0.046
湖南	1978—1982 年	0.036	0.026	0.01	-0.014	0.007	-0.008	0.021
	1983—1987 年	0.038	-0.005	0.043	0.025	0.008	-0.03	0.041
	1988—1992 年	0.016	-0.027	0.043	0.051	0.005	-0.033	0.039
	1993—1997 年	0.091	0.068	0.023	-0.016	0.008	-0.014	0.069
	1998—2002 年	0.018	-0.078	0.096	0.072	0.008	-0.05	0.048
	2003—2007 年	0.097	-0.13	0.227	0.018	0.006	-0.036	0.085
	2008—2012 年	0.042	0.025	0.017	0	0	0	0.042
	2013—2017 年	0.039	-0.02	0.059	-0.005	-0.007	0.012	0.039
	1978—2017 年	0.044	-0.021	0.064	0.017	0.004	-0.020	0.044
广西	1978—1982 年	0.102	0.161	-0.059	-0.075	0.002	0.04	0.069
	1983—1987 年	0.025	-0.035	0.06	0.033	0.001	-0.021	0.038
	1988—1992 年	0.058	-0.033	0.091	0.021	0.001	-0.02	0.06
	1993—1997 年	0.059	-0.003	0.062	0.015	0.01	-0.024	0.06
	1998—2002 年	0.053	-0.063	0.116	0.015	0.005	-0.022	0.051
	2003—2007 年	0.194	-0.105	0.299	-0.068	0.004	-0.01	0.12
	2008—2012 年	0.007	0.08	-0.073	0.007	-0.002	0.003	0.015
	2013—2017 年	0.055	-0.051	0.106	-0.024	-0.005	0.023	0.049
	1978—2017 年	0.060	-0.013	0.073	-0.009	0.002	-0.005	0.048

表5-7（续）

省份	时间段	数量效应			结构效应			全要素生产率
		总体数量效应	资本效率	劳动效率	技术偏向	要素偏向	交互效应	
重庆	1978—1982 年	0.054	0.006	0.048	−0.003	0	0.003	0.054
	1983—1987 年	0.068	0.124	−0.056	0.019	−0.001	−0.015	0.071
	1988—1992 年	0.074	−0.024	0.098	−0.013	0	0.01	0.071
	1993—1997 年	0.1	−0.058	0.158	−0.01	−0.003	0.017	0.104
	1998—2002 年	0	0.006	−0.006	−0.001	−0.005	−0.005	−0.011
	2003—2007 年	0.047	−0.03	0.077	−0.002	0	0.002	0.047
	2008—2012 年	0.089	−0.087	0.176	0.025	0.002	−0.014	0.102
	2013—2017 年	0.137	0.284	−0.147	0.013	0.004	0.023	0.177
	1978—2017 年	0.060	0.022	0.038	0.004	0.000	0.003	0.066
四川	1978—1982 年	0.024	−0.015	0.039	−0.023	−0.022	0.045	0.024
	1983—1987 年	0.044	0.024	0.02	0.006	−0.017	0.008	0.041
	1988—1992 年	0.044	−0.004	0.048	−0.016	−0.006	0.023	0.045
	1993—1997 年	0.065	−0.021	0.086	−0.027	−0.019	0.049	0.068
	1998—2002 年	0.023	−0.043	0.066	−0.009	−0.021	0.034	0.027
	2003—2007 年	0.065	0.1	−0.035	0.038	−0.011	0.002	0.094
	2008—2012 年	0.063	−0.022	0.085	−0.011	0.003	0.009	0.064
	2013—2017 年	0.047	−0.035	0.082	0.002	0.01	−0.018	0.041
	1978—2017 年	0.046	−0.003	0.048	−0.005	−0.010	0.018	0.049
云南	1978—1982 年	0.044	0.01	0.034	0.007	−0.001	−0.003	0.047
	1983—1987 年	0.074	−0.004	0.078	0.031	−0.001	−0.024	0.08
	1988—1992 年	0.053	0.001	0.052	0.016	0.007	−0.023	0.053
	1993—1997 年	0.056	−0.045	0.101	0.011	0.018	−0.044	0.041
	1998—2002 年	0.023	−0.017	0.04	0	0.01	−0.009	0.024
	2003—2007 年	0.047	0.005	0.042	−0.002	0.004	0	0.049
	2008—2012 年	0.047	0.037	0.01	0.001	0	0.001	0.049
	2013—2017 年	0.027	−0.028	0.055	−0.01	−0.012	0.022	0.027
	1978—2017 年	0.046	−0.006	0.052	0.007	0.003	−0.010	0.045

表5-7（续）

省份	时间段	数量效应			结构效应			全要素生产率
		总体数量效应	资本效率	劳动效率	技术偏向	要素偏向	交互效应	
西藏	1978—1982 年	0.091	0.004	0.087	0.023	0.014	-0.037	0.091
	1983—1987 年	0.014	-0.023	0.037	0.094	0.025	-0.097	0.036
	1988—1992 年	0.044	-0.011	0.055	0.07	0.007	-0.06	0.061
	1993—1997 年	0.112	-0.004	0.116	0.022	0.019	-0.041	0.112
	1998—2002 年	0.083	-0.003	0.086	0.044	0.005	-0.033	0.099
	2003—2007 年	0.147	-0.026	0.173	-0.079	0.001	0.01	0.079
	2008—2012 年	0.016	0.003	0.013	0.002	-0.006	0.022	0.034
	2013—2017 年	0.045	-0.006	0.051	-0.026	-0.011	0.036	0.044
	1978—2017 年	0.067	-0.009	0.076	0.017	0.006	-0.026	0.066
陕西	1978—1982 年	0.025	0.025	0	-0.011	0.005	-0.001	0.018
	1983—1987 年	0.048	-0.016	0.064	0.028	0.01	-0.034	0.052
	1988—1992 年	0.032	0.011	0.021	0.005	0.005	-0.014	0.028
	1993—1997 年	0.055	-0.038	0.093	0.035	0.004	-0.026	0.068
	1998—2002 年	0.04	-0.031	0.071	0.014	0.004	-0.016	0.042
	2003—2007 年	0.154	-0.085	0.239	-0.063	0	0.009	0.1
	2008—2012 年	0.1	0.015	0.085	-0.014	-0.008	0.031	0.109
	2013—2017 年	-0.012	0.011	-0.023	0.009	-0.006	0.006	-0.003
	1978—2017 年	0.053	-0.015	0.068	0.000	0.002	-0.006	0.049
甘肃	1978—1982 年	-0.032	-0.042	0.01	0.018	-0.002	-0.006	-0.022
	1983—1987 年	0.063	0.005	0.058	0.014	0	-0.008	0.069
	1988—1992 年	0.043	-0.029	0.072	0.018	0.004	-0.02	0.045
	1993—1997 年	0.05	-0.004	0.054	0.005	0.004	-0.009	0.05
	1998—2002 年	0.046	-0.018	0.064	0.006	0.005	-0.011	0.046
	2003—2007 年	0.121	-0.051	0.172	-0.032	0.001	0.007	0.097
	2008—2012 年	0.062	0.051	0.011	0.006	-0.001	0.003	0.07
	2013—2017 年	0.025	0.046	-0.021	0.008	-0.004	0.001	0.03
	1978—2017 年	0.047	-0.005	0.052	0.005	0.001	-0.005	0.048

表5-7（续）

省份	时间段	数量效应			结构效应			全要素生产率
		总体数量效应	资本效率	劳动效率	技术偏向	要素偏向	交互效应	
青海	1978—1982年	-0.011	0.005	-0.016	-0.005	0.003	-0.005	-0.018
	1983—1987年	0.05	-0.01	0.06	0.016	0.002	-0.011	0.057
	1988—1992年	-0.013	-0.038	0.025	0.016	0.001	-0.008	-0.004
	1993—1997年	0.065	0.064	0.001	-0.012	0.002	0	0.055
	1998—2002年	0.057	-0.11	0.167	0.029	0.002	-0.013	0.075
	2003—2007年	0.134	-0.081	0.215	-0.047	-0.002	0.019	0.104
	2008—2012年	0.085	-0.007	0.092	-0.015	-0.004	0.016	0.082
	2013—2017年	-0.015	0.032	-0.047	0.022	-0.013	0.017	0.011
	1978—2017年	0.041	-0.020	0.061	0.000	-0.001	0.002	0.042

从表5-7中我们可以发现一些有趣的现象。

第一，分时间段来看，2003—2007年这一时间段的全要素生产率增长最快，其次是1993—1997年时间段。其中原因可能在于，前者是刚刚加入世界贸易组织所致，后者是推动市场化改革带来的影响。1978—1982年时间段的全要素生产率增长率最慢，其次是2013—2017年时间段和1988—1992年时间段。

第二，分地区来看，重庆、西藏在整个时间段内的全要素生产率增长最快，北京、上海与天津全要素生产率增长最慢。总体来说，西部地区全要素生产率增长率依次高于中部和东部地区。这虽然有点费解，但是和蔡晓陈（2020）以不同方法所得结论基本相同。其中背后逻辑可能是，经济增长更快的东部地区凭借其优越的地理位置和改革开放的先行效应吸引了更多的资本和劳动要素，产生了拥挤效应，其单位要素的生产率（全要素生产率）增长反而没有中、西部地区那么明显。

第三，从全要素生产率分解出来的不同组成部分来看，18个地区中有一半地区的地区结构效应（技术偏向效应、要素投入偏向效应和它们的交互项）对总体全要素生产率的贡献为负，广西壮族自治区在1978—2017年整个时间段内的结构效应贡献甚至为-24%。表5-8统计了各时间段内全要素生产率增长率及其分解所得不同组成部分的样本均值（简单算术平均值）。从表5-8中我们可以进一步看出不同组成部分的相对值大小。在数量效应（资本效率和劳动效率增长率的加权和）内部，总体资本效率增长率为负，劳动效率增长率是主导性因素。在结构效应内部，交互效应总体为负，技术偏向和要素偏向为正，且前者略大于后者。

表 5-8　全要素生产率分解的样本均值

时间段	全要素生产率	数量效应			结构效应		
		总体数量效应	资本效率	劳动效率	技术偏向	要素偏向	交互效应
1978—1982 年	0.026	0.027	0.027	0.000	-0.010	0.003	0.005
1983—1987 年	0.042	0.038	-0.001	0.039	0.020	0.007	-0.023
1988—1992 年	0.035	0.027	-0.028	0.055	0.022	0.003	-0.018
1993—1997 年	0.067	0.067	-0.004	0.072	0.005	0.004	-0.009
1998—2002 年	0.047	0.048	-0.017	0.065	0.009	0.001	-0.012
2003—2007 年	0.080	0.104	-0.041	0.144	-0.029	0.000	0.005
2008—2012 年	0.050	0.047	0.023	0.024	0.006	-0.002	0.000
2013—2017 年	0.033	0.030	0.010	0.020	-0.001	-0.005	0.009
1978—2017 年	0.048	0.049	-0.004	0.052	0.003	0.002	-0.005

第六章 国外供给侧结构性改革的经验与教训

虽然方向和过程不完全相同，但多国都曾先后推行过类似的供给侧结构性改革，它们或称"供给侧改革"，或称"结构性改革"。

第一节 美国

一、改革的历史背景

自二战结束以后，美国经历了 20 年的经济高速增长，其中全要素生产率的增速维持在高位。进入 20 世纪 70 年代后，美国商品生产和进出口贸易不仅在国内市场占据主导地位，而且已经主导了世界市场，美国成为世界商品生产贸易第一强国。但是此后，美国经济和贸易的发展开始受到时空的局限，全要素生产率的增速大幅放缓，这一时期被称为"生产率大放缓时期"，也就是无论是从劳动生产率来看，还是从全要素生产率来看，美国都经历了较长时间的生产率增长率大幅下降（夏正智，2018）。

尤其是进入 20 世纪七八十年代后，美国经济内外交困。美国的通货膨胀率高达 13.5%、失业率高达 7.2%，而经济增长率降低至 -0.2%，深陷"滞胀"泥淖，内部面临经济增速放缓、产能过剩、人口增速下降与政府债务高企等重大挑战。在对外关系上，美国外部面临了多重复杂的地缘政治和经济挑战，包括美苏争霸、深陷越南战争、西欧和日本崛起，中东战争、伊朗政局变化等引发的石油危机导致世界经济衰退，外部需求的骤然紧缩和石油要素成本的剧烈上升，使美国陷入了发展困境（韩春，2018）。

造成此种局面，跟美国此前的经济政策脱不了干系。在凯恩斯主义成为各国政策决定者的主流思想时，美国也不能免俗。美国采取了较长时间的以经济刺激为主的经济政策，结果导致美国通货膨胀严重、失业率高居不下，经济增长停滞，此外，美国经济还存在税率过高、限制进入、价格管制等诸多结构性问题。在此情况下，美国政府没有改变经济政策导向，同时内忧外患也严重阻碍了国家的经济发展。

在理论演变上，20 世纪 20 年代，全球经济危机使美国陷入瘫痪。在旧理论无法给予解释的背景下，凯恩斯主义顺势而生，主张有效需求理论，重提马尔萨斯需求决定供给的观点。这种观点在古典经济学时期以及边际革命后的新古典经济学时期，支持者很少。凯恩斯主义认为，光靠市场机制的自发作用并不能实现经济的供求均衡，在有效需求不足的情况下，市场经济会导致生产过剩的经济危机，必须依靠政府干预来化解生产过剩。因此，凯恩斯主义主张政府采取需求管理政策，通过政府举债支出，加强公共投资，实行减税和扩张性财政政策，诱导私人增加支出，以扩大社会需求。

一些经济学家认为，凯恩斯主义只有在社会面临大的危机时才是有效的，因为凯恩斯的政策主张属于"救命之术"，并非"固本培元"之策。也就是说，在特定情况下采用凯恩斯主义政策救急是有效的，但是在正常情况下采用凯恩斯主义政策，则可能会有很大副作用。凯恩斯主义政策能有效解决短期生产过剩问题，但是政府长期采用扩张性财政政策和货币政策，造成了严重的通货膨胀（卢少云，2017）。凯恩斯主义属于独立于市场机制之外的政府干预，无法从根本上解决供给结构调整动力不足的问题。

美国此前奉行的凯恩斯主义经济学不能破解其高通货膨胀与高失业并存的滞胀困局，因为改变总需求并不能消除通货膨胀与高失业并存的局面。要么扩大需求解决失业问题，但是会造成更高的通货膨胀；要么压缩需求解决通货膨胀问题，但是会导致更严重的失业。在此背景下，供给经济学登上了历史的舞台。供给经济学认为决定经济增长的主导因素是供给，而供给的扩张依赖于一个高效率的社会生产机制；供给创造需求，供给始终处于中心地位，经济发展的决定因素是供给和生产率背后的技术创新，只有创新性的供给才能推动经济发展进入新的供求阶段；倡导经济自由，反对政府对市场经济进行不必要的干预；并认为经济长期增长的关键因素是微观经济主体的生产积极性。

根据新供给经济学，"供给侧"结构性改革是对"萨伊定律"的发展和升级（韩永彩，2017），将"供给创造自己的需求"解读为"新供给创造新需求"，其重点在于解除直接和间接约束，解决生产要素如制度（包括正式和非正式制度）、资本、人才、技术和创新、投入和产出效率等供给问题，实现资源优化配置。

供给侧结构性改革的主要思想是鼓励市场竞争和减少政府干预。从经验上来看，供给侧结构性改革一般针对长期实施凯恩斯主义政策的后果，比如产能过剩、货币过多、结构失调及其造成的经济衰退。供给侧结构性改革的关键在于放松供给管制，让市场供给机制配置资源。在解决美国的货币问题方面，国际市场起到了关键作用——这是供给学派的本质表现，即由市场来决定而不是进行人为控制。

在供给经济学为主导的理论等影响下，里根政府推行供给经济学政策和政府内部供给侧改革，此后凭借信息技术的新进展，美国实现了经济转型和再次腾飞。

二、改革的主要措施

里根大刀阔斧改革的主要内容包括（任泽平，2017）：减税、降低社会福利、放松对部分行业的管制、推进利率市场化改革等。其中，减税、放松管制和收紧货币是里根经济学的精髓。

（1）在减税方面，1981年8月通过《1981经济复苏税法》，主要措施包括降低税率、边际税率，对企业投资给予纳税优惠，缩短固定资产折旧年限并简化分类加速固定资产折旧等。1986年颁布了《1986年税制改革法案》，旨在降低税率，扩大税基，堵塞税收漏洞，实现税收公平。

（2）在放松政府管制方面，包括放松《反托拉斯法》的实施，鼓励企业合理竞争，阻止那些削弱竞争的合并；放松石油价格管制，放松对汽车行业的管制；放松劳动力价格管制。1981年3月，里根政府成立了以副总统布什为主任的特别小组，专门负责撤销或放宽有关政府对经济的限制性规章条例。这一措施加强了市场机制对资源的自由配置，有利于降低企业制度性交易成本，使企业技术革新和产业结构调整获得有利的条件。1982年，里根政府修订《戴维斯·贝肯法》，减少了对劳动力市场价格的干预，加强对中小企业的支持。政府通过立法为中小企业发展清除制度障碍，例如1982年出台《小企业创新发展法》、1983年出台《小企业出口扩大法》，同时为中小企业发展提供税收、资金等全方位支持，鼓励企业创新，成功促进了国内产业结构转型。里根政府通过立法不断鼓励企业创新，同时保障企业创新成果，如1982年出台《小企业创新发展法》、1984年出台《国家合作研究法》。

（3）在推进利率市场化改革方面，1980年3月，美国国会通过了《存款机构放松管制和货币控制法》，取消定期存款利率最高限制，开立可转让支付命令账户和自动转账服务账户等。1982年颁布的《加恩圣杰曼存款机构法》详细地制定了废除和修正Q条例的步骤。Q条例完全终结后，利率市场化得以全面实现。

（4）降低社会福利。1981年12月，美国社会保险改革委员会成立，并于1983年提出了改革方案。其主要内容包括：提高社会保障税；对领取较高保险年金收入的人征收所得税；延迟退休年龄等，以提高个人工作积极性。为了平衡预算，减少财政赤字，里根政府主动降低了联邦政府支出的增长速度，由原来年平均增长14%降低到年平均增长7%，其削减项目主要为社会福利项目，如社会保险、医疗卫生服务等。

（5）降低贸易赤字。20世纪80年代初期，美国财政赤字剧增，对外贸易逆差大幅增长。1985年9月22日，美、日、德、法、英在纽约广场饭店达成协议（即所谓的"广场协议"），之后五国政府联合干预外汇市场，诱导美元对主要货币的汇率有秩序地贬值，以解决美国巨额贸易赤字问题。

（6）货币政策配套。控制货币供给量和信贷规模，推行有节制的货币供给政策。为控制通货膨胀，政府要求联邦储备委员会实施与减税和缩减政府开支一致的紧缩性货币政策，采取以货币供给量而不是以利率为中介目标的货币控制手段。

（7）政府内部改革。第一，加强预算行政控制。积极推进联邦预算管理体制改革，强化联邦政府预算管理局对预算的集权化控制，在行政部门阶段严控公共项目，削减预算。第二，放松联邦政府管制。其目的是将管制权与责任从联邦政府下放到州和地方政府及其他组织，成功分流了联邦政府一些不必要的行政人员，减少了联邦政府在政府间项目的支出成本。第三，实施减员增效。通过减少联邦政府职能机构岗位，增加聘用非职业性管理人员，放慢高级行政职位空缺人员的填补，降低近4万个职能机构岗位的级别，调整工资、退休金和福利政策等措施，联邦政府既减少了人事开支成本，又提高了工作人员的工作效率。第四，减少联邦政府援助，减少州和地方政府在资金和项目上对联邦政府的依赖。第五，推进政府服务市场化、社会化。由私人部门提供政府服务，使消费者付费享受服务，大大减轻了联邦政府的财政压力，同时也更好地满足了公民的需求。

美国政府实施的供给侧改革政策，以拉动内需为重要的出发点，供给与需求之间的关系保持相对平衡，使得经济增长速度能够保持平稳上升，为美国经济的全面发展铺平了道路（郑绍庆，2017）。第一，将降低通货膨胀作为首要任务，通过采取收紧货币政策，降低企业、个人的税费标准，以及完善财政政策等手段，各行业、各领域中的政府干预不断减少，为经济的发展"松绑"，刺激了经济的快速发展。第二，美国政府将科技产业、服务产业的发展作为重中之重，增强科技产业在未来发展中的作用。在全球经济复苏弱于预期的背景下，2015年，美国政府再次发布《美国创新战略》，该创新战略强调维护美国创新生态系统，聚焦建设服务型政府，加强教育等基础要素投入。

三、改革的成效

美国的供给侧改革，并没有取得立竿见影的成效，前期经济依旧持续衰退（任泽平，2017）。这其实是一种必然现象，调整供给端的政策，需要经过一段时间才能传导到经济体系中，要产生效果还需要经历更长的时间，这就是改革的阵痛期。到了中后期，美国经济重新复苏并增长，实现了产业结构升级，新经济崛起。

在改革前期，除了通货膨胀率有所下降以及美元指数上行外，美国经济仍然处于危机和衰退之中。1982年年底开始，美国经济开始复苏，1983年GDP增速达到4.6%，失业率从1983年7月起逐渐降低，工业生产指数上升，产业结构升级，主要是制造业内部分工加强，传统产业在改造中焕发生机；新兴服务业发展迅速，高技术服务业成为新的经济增长点，就业人口加速向服务部门转移，表明了美国消费结构的变化和经济重心的转移。针对银行业国际竞争力减弱的形势，里根政府对金融体系做出调整，实行放松管制和金融业务自由化的金融制度改革，逐步迈向金融制度自由化，提高市场竞争力。同时，美国的经济复苏为增加军费提供了支持，军事需求又带动了技术研发的进步，新的工业部门成为美国现代经济增长的一个方面，这些新部门在经济中的重要性逐步显露出来，积累资本和劳动，信息技术和生命科学等高科技产业迅猛发展，促进了新经济的崛起。

四、改革的经验与启示

美国在供给学派思想主导下的改革措施，对我国供给侧结构性改革有如下几点启示（孙珠峰，2017；韩永彩，2017）：

第一，宏观经济供求分析是推进供给侧结构性改革的基础。找准宏观上的总供给和总需求的主要矛盾和矛盾的主要方面所在，是推进供给侧结构性改革的必要前提。美国在推进供给侧结构性改革之初，各种经济与社会发展问题丛生，主要矛盾是总供需不匹配，矛盾的主要方面在于供给侧不能满足需求。此前，美国经过了数十年的总需求刺激，导致了低效产能过剩、企业效率不高，要实现经济继续发展，必须解决供给侧的问题。我国推行供给侧结构性改革之初面临的问题与此类似，中国经济下行压力加大导致潜在的经济与社会发展各种矛盾交织，总供需不匹配是主要矛盾。同时，需求侧管理成效呈边际递减趋势，企业落后低效产能严重过剩，矛盾的主要方面在供给侧，因此需要在适度扩大总需求的同时，重点加强供给侧结构性改革。

第二，市场在资源配置中发挥决定性作用是推进供给侧结构性改革的根本。美国历来是以市场主导资源配置的。从美国这一轮供给侧结构性改革的实施来看，通过降低企业运营成本的政策措施，让企业在市场上做出最优选择，取得了较好的效果。供给侧结构性改革政策改变了企业面临的外部环境，企业在新的政策空间下优化资源配置，能够发挥市场的作用。因此，我国的供给侧结构性改革，如何通过降低企业生产与交易成本来激发微观经济主体的生产积极性，尽量发挥市场在资源配置中的高效率的作用，是值得深入探讨的话题。当然，我国企业与美国企业面临的环境不尽相同，所以更应该考虑政府与市场在供给侧结构性改革中如何配合的问题。

第三，建设服务型政府是推进供给侧结构性改革的保障。中国在过去较长一段时间实行了过度的需求侧管理，政府权力过大，对市场经济干预过多过深，造成行政配置资源带来的要素配置扭曲和市场不能及时出清，导致各种结构性矛盾。因此，推进供给侧结构性改革，应当建设"服务型政府"，以转变政府职能为核心，推进政府简政放权，缩小规模，控制行政预算，提升绩效，完善服务。

第四，以是否提高全要素生产率为衡量供给侧改革成败的重要指标。

美国之所以要实施供给侧改革，从研究角度来看，就是源于全要素生产率大放缓的事实。全要素生产率是经济整体表现的综合指标，供给侧改革的最终成效也要落在这个指标上。从实践来看，一方面，完善政策和法律体系为提高全要素生产率提供制度保证；另一方面，创造高级要素或组合现有要素提高资源配置效率。可充分利用国内、国外两个要素市场，国内发展新的清洁能源，减少资源性要素国外供给依赖。在国外设立研发机构，直接利用国外高端人才或高级要素推动技术创新。组合国内人才、网络、资本、技术要素，落实人才培养机制，让人尽其才、物尽其用，最终实现要素配置优化。

第五，切实为企业"减负"，降低"全成本"。美国的供给侧改革以降低税负为核心。供给学派由此提出了拉弗曲线的概念：政府获得的税收收入先是随着税率上升而增加，后又随着税率上升而下降。所以，政府要获得某一税收总量，有两个税率与此对应，一个是高税率，一个是低税率。低税率对经济的扭曲更小。这就是供给学派倡导减税的理论基础。中国政府应将减少企业税负、降低企业成本落实到位，以提高企业家工作积极性，刺激创新形成正反馈。

第六，提高制造业服务化水平。利润微笑曲线表明，制造业服务化才是生产链中利润的大头。在美国推进供给侧改革的时代，正是制造业服务化方兴未艾之时。当前，中国如何跨越到"中国制造""中国服务"，需要同步推进制造业升级和服务业创新，服务智慧化、跨行业融合、技术服务外包都是理想的选择。

第二节　英国

一、改革的历史背景

在经济方面，从 1970 年开始，英国经济走向了低谷。为此，英国政府实施宽松的财政和货币政策刺激需求，导致通货膨胀率一路高涨。刺激性的需求管理政策不但没有降低英国的失业率，反而使同一时期的失业率不断攀升，形成了滞胀，而失业救济和失业保险支出的增加导致了庞大的社会福利支出。国有企业由于生产效率低下而大面积亏损，各行各业也大面积亏损。公共债务不断攀升，国际收支逆差大幅度增加。英国经济陷入了长达10年之久的滞胀期。在社会发展方面，社会福利支出增加，与国民经济收入不相吻合，致使国家债务繁重，经济发展处于"水深火热"之中。

在政治方面，在1979年之前，英国在工党的领导之下，工会的力量不断扩充壮大，全国的经济力量大面积国有化，导致市场活力不足，经济运作效率明显下降，全国经济产生了全面的衰退。在数据表现方面，1973—1975年，失业率一直保持在5%上下，较此前明显上升且持续时间长，工资水平分别增长了15%、19%、23%，这也进一步降低了企业的利润，当时出现了企业生产效率下降而工资、物价水平螺旋式上升的现象（郑绍庆，2017；陈晶，2018；杨莉，2016）。

二、改革的主要措施

在20世纪80年代初，撒切尔夫人上台。撒切尔夫人几乎和美国里根总统同时接受了供给学派的经济学主张，领导了一场涉及经济、政治和社会结构的深刻变革。撒切尔夫人推行了一系列供给侧改革，以挑战传统的社会民主主义和福利国家模式，鼓励市场化、私有化以及削减政府开支。撒切尔政府的主要措施为（郑绍庆，2017；范洁，2016）：

第一，控制货币供应量。撒切尔夫人认为，缺乏对货币和金融的控制是英国经济长期停滞不前的主要原因。因此，英国的经济运行要想有一个良好的环境，必须从改变宏观经济政策入手，从原本偏重需求管理的政策向供给管理政策转变。撒切尔政府确定了以控制通货膨胀为中心的"先治胀后治滞"的策略，在货币主义的指导下制定货币政策，控制货币供应量，通过控制公共部门的借款要求和货币增长速度来反通货膨胀，以对价格的中期管理代替过去的短期控制。

第二，减少国家干预。战后英国的"福利国家"政策在分配方面"平均主义"倾向明显，同时工会运动的盛行使得真正为社会做出贡献的人没有得到相应的报酬，政府通过税收占有较多的国民收入，严重损害了劳动者的积极性。为了释放市场活力、鼓励私人资本发展，撒切尔政府决定减少国家对经济的干预，逐步减少对工资、价格及资本流动等方面的控制，鼓励各经济部门尤其是金融和交通运输等行业的竞争，同时还撤销了3 000个政府所属的计划、咨询、监督机构，削减了国家企业局的权力。撒切尔政府通过把国有化工业的股份出售给私人的方式完成了国有化工业的私有化。英国政府还把供水、供电部门以及英国国家石油公司中的政府股份出售给私人，迫使企业改善经营管理，以谋求长远发展。除了国有企业私有化外，另一项主要措施是政府管理部门放松管制力度。在石油、化工、邮电、通信等行业，取消行业垄断行为，将"物价管制委员会"这一国家权力机构撤销，废除近200项经济活动的相关规定，将原有的外币管制条例封存，使得本国英镑汇率能够保持自由浮动，经济实现了"松绑"，最终让英国经济竞争力不断提升。

第三，调整税制。为了激发劳动者的生产积极性，撒切尔政府还改革了税制，转变了税收重点，从以所得税为重心逐渐转变成以消费税为重心，减少对高收入者的税收和降低资本课税率。同时，还减征部分中小企业的税收，为其发展减轻负担。英国纳税程序得到了简化，为经济发展提供了至关重要的推动作用。

第四，削减社会福利。英国政府的基本思路是逐步将政府的功能转为有选择地提供优质服务。相关具体措施为：削减政府财政开支，注重个人责任和义务，在医疗服务领域引入市场竞争机制，并改革以往完全免费的医疗服务，让患者亦分摊定量医疗成本。为了消除"福利国家"政策遗留的负面影响，撒切尔政府削减了社会福利在公共开支中的比重，1986年比1980年降低了10个百分点。同时，也逐渐削弱工会权利，控制过高的工资增长率。

三、改革的成效

通过推行供给侧结构性改革，英国经济重新获得了活力，经济改革取得了显著效果（郑绍庆，2017；陈晶，2018）：实际GDP增长率从1982年的-2.2%大幅回升至1988年的5.7%，通货膨胀率从1980年的18%迅速回落至1986年的3.4%，经济由低谷逐渐走向繁荣。具体来看，国有企业和部门的私有化改革使这些部门自负盈亏，减少了政府的经营成本；削减公共福利开支虽然引起了原本接受救济群体的极大抗议和不满，但带来了随后的劳动效率提高，政府转移支付开支的减少也在短期内缓解了财政赤字；紧缩性的货币政策有效控制了通货膨胀，在之后的几年中通货膨胀率逐渐回落至3%上下。英国供给侧结构性改革过程中虽然充满了质疑和争议，但撒切尔政府仍然力排众议坚持改革，最终使经济结构成功转型，实现了产业结构升级，发展新兴产业和现代服务业成为时代发展的趋势。

撒切尔政府的政策，主要是激励企业投资和提高生产效率，促进了经济增长，为经济的复苏和增长打下了基础。提高了劳动力市场的灵活性，从而创造了更多的就业机会，减少了失业率。大规模的国有企业私有化计划提高了企业的效率和竞争力，提高了经济中的资源配置效率，使得一些行业在私有化后变得更具竞争力和创新性。

然而这些改革未能充分解决英国的社会与经济问题，加剧了社会不平等，并削弱了对一些弱势群体的支持。尽管从长远来看，供给侧改革为英国扫清了经济增长中的结构和制度性障碍，为今后的经济增长奠定了良好基础，但是短期内也对英国经济造成了一定程度上的负面影响，众多大中型国有企业面临倒闭，并且企业工人下岗严重。但英国政府顶住了改革初期所面临的巨大挑战，最终取得了成功。

四、改革的经验与启示

英国撒切尔政府的供给侧改革，大体上是较为成功的。英国政府的做法主要给我们如下几点启示：

第一，改革需要坚强的政治意志和相应的政治能力。撒切尔推进供给侧改革初期，失业带来的社会负面影响很明显。但是当时的英国政府顶住了压力，表现出了推行经济改革的坚强意志。任何一项改革，肯定会有一些人的利益受损。如何才能不激起社会矛盾，这是决策者需要慎重考虑的问题。

第二，注重政府预算。在减税初期确实会带来政府税收收入的减少，减税与财政预算赤字几乎是并行的。由此，在供给侧改革过程中，为增加社会资金的总供给，就要突出税制减免改革的层级性、提高税收的使用效率、注重政府预算支出的公平性。

第三，在收入分配方面，以往的减税方案更多地关注资本所得税的减免而非劳动收入所得税税率的降低。事实上，减税导致通货膨胀从而引发的税收攀升和其他社会保障缴费率的提高，最终都推高了边际税率，往往使那些依靠工资收入维持生活的家庭承担更高的实际税负。应提高违反税法的经济成本和社会成本，这样才能从根本上体现税收制度下政府重新配置财富的公平性。

第四，在失业率与劳动参与率方面，在实施供给侧结构性改革的过程中，改革方案对失业率和劳动参与率的影响是复杂且难以下定论的。如慷慨的失业保险金和社会福利以及最低工资法，可能反而降低了劳动者的工作热情，导致失业率上升、劳动参与率下降，减少了劳动力的有效供给，尤其是女性劳动者。我国应该加快劳动力市场重新配置和人力资源培育的速度，顺应自身的经济规律，坚持人力资源的数量和质量并重，鼓励政府机构和民间机构对失业人员进行再就业和创业培训。

第五，以金融政策改革解除金融抑制。国家在金融管制方面已经最大限度地做到放松，在控制外币供应量的同时，增加外币存储量，使得金融业的发展能够最大限度地消除制约因素。这样就使得我国实体经济发展逐渐实现换代升级，为我国经济的快速增长提供了长期的推动力。

第六，以调整人口政策来实施人口资本战略。人口政策的调整既是刺激经济快速发展的直接因素，也是我国未来经济保持可持续发展的关键条件。

第七，调整制度结构，实现各经济领域的松绑。解除供给抑制、放松供给约束是提高我国经济潜在增长率、变微观潜力为发展活力的关键所在。其中，主要是政府"主动放权"，减少政府的层层干预，建立自由贸易市场、区域，促使我国经济达到市场化、自由化的快速发展目标（郑绍庆，2017）。

第三节　德国

一、改革的历史背景

二战结束后到 20 世纪 90 年代，德国经济社会发展大致可以划分为四个阶段（王秋波，2016）。第一阶段是从 20 世纪 50 年代到 60 年代中期的经济高速增长期，稳定增长是联邦德国经济发展的根本特点。社会市场经济体制的建立，《防止限制竞争法》的颁布，保持私有制和市场经济，保护自由竞争，限制垄断，实行"共同决策制"，改革税制和实行平衡预算，实行社会保障政策和稳定货币政策，同时实行若干社会保障和补偿制度等措施，使得德国经济发展呈现出增长率高、价格稳定、失业稳步减少的特点，"德国制造"享誉全球。第二阶段是 1965 年前后的增速换挡阈值期。1965 年以后，越战和巨额财政赤字导致了美国的通货膨胀，并引发美元贬值压力，大量投机资本涌入德国，流动性输入的通货膨胀压力再加上缺乏宽松的财政政策，造成了德国 1965 年通货膨胀率上升到 4%，经济增速下降。与此同时，1967 年英镑贬值危机和 1968 年法国骚乱进一步恶化了外部经济形势。德国经济结束了高增长，不稳定性日益暴露出来。第三阶段，20 世纪 60 年代中后期到 70 年代末出现的经济危机期。1967 年经济危机使得德国国内出现要求国家承担更多责任的呼声和更高的工资要求，政府在财政政策上出现重大分歧。在凯恩斯主义思想指导下，政府采用逆周期的财政和货币政策，经济增速得到暂时回升，但紧接着在随后几年就面临经济波动性增大、通货膨胀严重和失业率持续上升的问题。而后石油危机爆发，布雷顿森林体系瓦解，德国 GDP 增速大跌，经济受到了严重的负面影响。第四阶段在 20 世纪 80 年代初的政策转换期。这一时期，以石油危机为导火线，触发了西方发达国家的经济衰退。1980—1983 年德国连续四年经济低迷，GDP 平均增长率极低，私人消费萎缩，就业人数连续减少。经济出现了严重财政危机和产业结构落后、对外贸易连续逆差等问题，促使政府将经济政策转向了供给侧。

在其中的第二阶段初期，德国政府拒绝减速（任泽平，2016），采用需求刺激政策，加大财政投资力度，造成了政府债务和产业结构两大问题，结构性问题逐渐显现，体制性和结构性问题更加突出。其中体制性的问题体现在财政常年赤字，债务累积，极大地限制了逆周期财政支出刺激经济的空间；结构性问题表现为产业结构调整步伐缓慢，对传统工业部门长期实施维持性补贴，造成企业国际竞争力下降，对外贸易连续三年赤字，德国马克贬值。为了应对体制性和结构性问题，德国政府不得不将经济政策转向供给侧。

在德国的结构性问题中，要素成本方面的原因较为明显（杨丽君，2016）。20 世纪 60 年代以后，因人力、燃料等生产要素相对成本劣势，德国制造业外移，去工业化趋势明显，制造业全球价值链加速形成，虚拟经济快速膨胀，结构性矛盾突出。

二、改革的主要措施

1982 年 10 月科尔当选总理后，政府的经济政策开始偏向供给侧（王秋波，2016），采取"多市场、少国家"的经济政策，减少政府干预，发挥企业能动性。相关主要举措包括：

第一，整顿财政，调整社会福利政策，压缩政府开支。科尔政府上台后制定了整顿财政方针，要求各级政府每年的财政支出增长率不超过 3%，以降低"赤字率"（政府赤字占 GDP 的比例）和"国家率"（国家支出占 GDP 的比例）。在社会福利方面，通过延迟养老金调整时间、降低失业者养老金缴纳基数、提高医疗费用自付比例等途径减少了社会福利支出，科尔还提出将自己和部长们的薪水减少 5%。1983—1989 年，政府赤字减少，债务增速下降，"赤字率"和"国家率"逐渐降低。

第二，减轻企业和个人税负。1984 年公布《减税法》，分 1986 年、1988 年和 1990 年三个阶段减税，实现了税收份额从 1982 年的 23.8%降低到 1990 年的 22.5%，税收体系得到调整，降低了直接税比重，调低了所得税和工资税的累进税率，使税法体现出促进经济增长的功能。

第三，放松管理，推进私有化。20 世纪 80 年代以来，联邦德国部分国有企业实行了私有化。特别是德国重新统一后，德国政府进一步加快了私有化的进程，大批国有企业实现了"新私有化""再私有化"或移交给其他公共机构。

第四，推进产业结构升级。对于钢铁、煤炭、造船、纺织等"收缩部门"和"停滞部门"，进行"有秩序的适应"，严格控制财政补助金，压缩生产、人员和设备；对于农业、采煤等有战略需求的部门采取"有目的的保存"，通过调整整顿，将该部门最重要的实力保存下来；对于电子、核电站、航空航天等新兴工业进行"有远见的形塑"。此外，政府还大力推广汽车、纺织等产业的自动化生产技术，制造业产能利用率从 1982 年的 75%左右提高到了 1989 年的近 90%。

第五，实施减税。减少法定公司税；废除和减免股息税收；降低资本收入的法定税率。在个人所得税方面，降低了个人所得税率，提高了基本补贴数额。

第六，帮助企业控制劳动力、能耗等成本的增长，从税收、劳动力、能耗等方面降低了企业的生产成本。1985 年广场协议签订之后，德国马克升值了 36%，面对此挑战德国政府并没有采用大规模的经济刺激政策，而是采取了减税措施来改善企业的经营环境（刘小琴，2018）。

第七，推动创新（赵磊，2016）。科尔政府转向供给侧改革，并将科技创新作为供给侧改革的发力点，大力实施创新驱动发展战略，将创新置于国家发展的核心位置。一是高度重视战略规划对科技创新的引领作用。为保障战略规划的有效实施，先后出台了一系列法规，不断强化战略规划的宏观引领作用。1982 年，联邦政府制订了促进创建新技术企业的计划，作为国家的一项战略措施，推动建立更多高技术公司。二是加大科研经费投入力度，支持行业技术升级，鼓励新兴产业发展。1981—1985年，科研发展经费投入年均增长率为4.1%，超过了3%的财政支出平均增速。三是重视产研结合，增强企业创新活力。选择重要节点逐步建设形成"科技之路"，把重要的经济中心与科研中心结合起来，加快科研成果的实际运用，并在大型企业中保证科研经费的投入，保证企业的创新活力。四是积极推行新的产业政策，大力发展环保、园林、建筑、贸易、金融、服务等新型产业。德国供给侧改革取得巨大成功，国家支出比例、财政赤字和新债务减少，经济实现稳定增长，通货膨胀温和，贸易顺差逐年增加，出口和进出口余额跃居世界第一位。五是为提高劳动者的素质和技能，向他们提供各种培训机会及其他形式的帮助。

三、改革的成效

实施供给侧改革以来，德国经济发展的明显成效主要表现在（王秋波，2016；任泽平，2016；陈晶，2018）：

第一，财政风险下降，无效融资需求收缩。国家支出比例、财政赤字、新债务减少，经济政策重获信任，国家内部重建稳定。

第二，扩大国际贸易顺差，控制本国资本外流。进入20世纪80年代以来世界石油价格不断下跌，科尔政府利用德国出口商品价格上升，而国际市场的原材料和初级产品价格下降的有利条件，进一步扩大出口，增加了外贸顺差。还利用美国的高利率和高汇率政策，扩大对美国的出口，发挥德国物价比较稳定、利率较低、工资成本偏低的优势，提高了德国出口商品的竞争能力，实现了顺差逐年增加，出口和进出口余额跃居世界第一位。

第三，通货膨胀得到控制，居民购买力提升。1981—1985年，居民收入提升速度与物价涨幅接近，而1986—1990年，居民收入提升18%，物价只上涨了7%。

第四，调整了对美元的汇率，稳定了德国马克的国际价值。1973年以来，德国马克对美元实行浮动汇率制，1980—1985年春季，德国马克对美元的汇率趋向下跌，科尔政府并没有对此进行干预，因为德国马克对美元汇率的下跌，有利于联邦德国扩大对美国的出口。

第五，资本市场表现方面。1982年年底开始供给侧改革后，财政风险下降，无效融资需求收缩，贸易逆差得到扭转，联邦银行的贴现率和资本市场无风险收益率得以稳定下降，贴现率从 1982 年的 7.5% 下降到 1987 年 12 月的 2.5%，长期国债收益率从 1982 年年底的 8% 下降到 1986 年的 6%。供给侧改革后，德国经济基本面全面向好，投资者风险偏好提升；居民财富的增长使得他们有富余的资金投入股市。在以上几个因素的共同作用下，德国股市指数从 1982 年到 1985 年一路飙升，上市企业数量持续增加，资本市场得到突破性发展。

第六，经济增长方面。经过近 20 年的税收改革，德国实现了经济增长和社会稳定：1983—2005 年，GDP 平均增速达到 2.6%。

四、改革的经验与启示

德国供给侧结构性改革的经验与启示有如下几点（任泽平，2016；刘小琴，2018；赵磊，2016）：

第一，推动市场出清。德国在 20 世纪 70 年代凯恩斯主义盛行的时期偏离了财政平衡的道路，多年的投资计划和财政赤字最终造成了无风险利率高企、产能过剩、贸易赤字等经济问题。推进供给侧改革的第一步应是打破刚性兑付，对体制内的领域进行强制性的出清，去产能、去库存、去杠杆，降低无风险利率，减轻政府负担，为后续改革腾出资源和空间。

第二，降低企业成本。供给侧改革的关键在于充分发挥企业的作用。为降低企业成本，释放企业活力，我国也应多管齐下，不仅要通过减税降低企业的税负成本，也要降低人工、用能、物流等各种成本和制度性交易成本，激发企业家精神。

第三，提升有效供给。增速换挡能否成功关键在于供给侧改革能否成功，供给侧改革能否成功关键在于能否发展适应新需求的新供给，实现经济增长从要素驱动向创新驱动的转变。

第四，实行稳定的货币政策和谨慎的汇率政策。由于历史原因，德国货币政策一直对通货膨胀有很强的警惕心理。高速的通货膨胀不利于企业的投资决策，增强了经济的不稳定性。

第五，坚持改革定力。供给侧改革见效较慢，改革中整顿财政、减税、淘汰落后产能等措施会触及很多人的利益，往往阻力重重。首先应通过制度变革减少行政审批。我国各级政府的行政审批繁杂，不仅增加了企业的交易成本，而且滋生了各种腐败行为，严重干扰了社会主义市场机制的运行。其次应精简行政审批，加强政府公共服务职能，划清各级部门的权责界线，给中小企业营造一个良好的经营环境，减少行政审批，为企业松绑，减轻企业负担，激发企业创新创业的热情，提高生产率，增加有效供给。

第六，减小社会负面影响。供给侧改革可能会带来未来几年的高失业率，要提前做好失业人员的安置预案，在推进改革的同时加快完善社会保障体系，将供给侧改革带来的负面影响减至最小。

第七，通过自主创新优化产业结构。要推进我国产业结构升级和转型，离不开自主创新。创新的投入成本高且存在不确定性，需要相关财政金融政策支持企业，如结构性减税，给予创新企业风险补偿等，并完善知识产权保护体系保护创新成果。首先，推进产业链融合创新。加快技术融合，推动产业链上升；加强新材料新工艺研发，牵引产业技术升级，以市场为导向，强化企业创新主导地位。其次，培育发展战略性新兴产业。第一，要增加关键技术供给，提高基础性技术专利数量，掌握一批关键核心技术，真正让科技创新成为引领发展的第一动力；第二，要把科技攻关与市场开发紧密结合起来，推动技术与资本等要素结合，加快科技成果转化。最后，优化创新生态系统。通过体制改革和制度创新，破除束缚科技创新的体制机制障碍，激发各类主体创新活力和潜能。深入实施国家知识产权战略，深化知识产权重点领域改革，建立完善的知识产权保护机制，实行更加严格的知识产权保护。充分调动全社会创新创造的激情，落实"大众创业，万众创新"行动计划等鼓励创新创造的优惠政策，增强全民科技意识，加大投入力度，降低准入门槛，提升服务水平，加大公共创新平台、科技孵化器建设力度，为中小微企业和科研人员提供优质、规范、高效的公共服务，加快形成完整成熟的创新链和产业链。

第八，推进农村耕地红线永不越界前提下的新型城镇化建设。城镇化带来了收入和消费的提升，需求随之发生变化，这对供给结构提出了新的诉求。新型城镇化以人本、绿色、智慧、特色、品质为特征。在推进新型城镇化的过程中，需要改革现有的户籍制度、社保制度、土地制度等。同时要严防房地产泡沫，想方设法最大限度地节约耕地，永不跨越农村耕地的红线，保障粮食安全。

第九，保持制造业稳定。2008年爆发的全球金融危机凸显了实体经济的重要性，为了加快经济增长，德国再工业化提速。在传统生产要素供给和生产成本的硬约束下，为提高生产效率，加快研发速度，灵活制造，德国在 2010 年发布《高技术战略 2020》，未来十大发展项目之一是支持工业领域中制造技术的革命性研发及创新。2013 年德国正式提出工业 4.0，加速推进了"智造"进程。工业 4.0 战略是以智能制造为主导的第 4 次工业革命，贯穿整个价值链，将生产与现代信息及通信技术深度融合，在制造业中引入物联网和服务网，使生产中的供应、制造和销售各环节数据化、智能化。德国工业 4.0 表面上侧重的是产品制造和供给，但其实注重的是供给和需求的匹配，使智能化制造更好地满足消费者对产品品质、多样性和个性化的要求，调整了产业结构。

第四节　日本

一、改革的历史背景

日本供给侧改革的背景，可从国际层面和国内层面分别来看（程永帅，2020）。

在国际层面，日本对美国贸易顺差增大并在压力之下升值日元。第二次世界大战结束后，日本和美国的贸易交往密切，到了 20 世纪 70 年代，日本对美国的贸易顺差不断增加，导致两国的经济往来经常发生摩擦。在此种情况下，美国不断要求日本提高日元汇率。1971 年 8 月 15 日，美国尼克松政府宣布实行"新经济政策"，停止履行外国政府或中央银行用美元向美国兑换黄金的义务，导致日元被迫升值，日本迫于压力不得不宣布实行浮动汇率，日元的升值幅度达到 16.88%。而日本经济一直依赖海外需求，很容易受到汇率波动的影响。日元升值提高了日本商品的价格，降低了日本商品的出口竞争力，使得日本商品出口量大幅度下降，极大地阻碍了日本经济的发展。国际油价上涨制约了日本经济的发展。1973 年第一次石油危机爆发，石油输出国组织为了打击对手以色列及支持以色列的国家，宣布石油禁运，暂停出口，造成油价上涨。日本对石油的依存程度非常高，石油价格猛涨使日本国内依靠石油进行生产的产业的成本大幅增加，企业的利润空间极大地被压缩；油价上涨引发了日本国内的通货膨胀，引起了国内物价上涨，给人们的日常生活带来了较大压力。

在国内层面，日本内需严重不足。20 世纪 70 年代，日本已经经历了经济发展的高速阶段，国内很多产品的需求基本达到了饱和状态，尽管产品还在不断推陈出新，但国内市场对产品的爆发式需求已经不存在，加之石油价格的上涨很快带动了国内物价上涨，出现了严重的通货膨胀，高物价更加降低了日本国民的购买欲望。这些状况使得日本内需严重不足，阻碍了日本经济的发展。日本产业结构失调且产能过剩。在经济高速发展时期，日本重化工业取得了较高的增长率，其中钢铁、化工等产业增长得最快。但产业发展造成了严重的环境污染，产业结构升级又需要大量资金和技术的支持，产业升级面临很多困难，而同时其他产业的发展却很缓慢，日本产业结构明显失调。产业结构诸多问题的存在使日本经济增长速度大幅下降。这一阶段日本的出口产品数量也降低了很多，许多大规模生产企业产品积压严重，产能过剩非常严重。日本政府债务增加，财政运转困难。日本政府为了应对石油危机，通过发行国债来提高财政收入，日本政府的债务因此快速上升。1974—1981 年，日本中央政府的财政预算连续赤字，瓦解了传统的收支平衡财政预算。截至 1979 年 10 月，日本国债余额与 GDP 的比率上升到世界第 2 位，仅次于英国。严重的财政赤字产生了巨额的国债利息，日本政府由此开始压缩财政预算。同时中东石油危机引发全世界经济滞胀，日本国有企业受此影响连年亏损，庞大的国有企业债务进一步加重了日本的财政负担。

到 20 世纪 70 年代前后，日本实现了向工业化经济的转变，日本经济遭遇了瓶颈期（谢世清，2017；田正，2019）。此时的产业结构严重依赖对欧美的出口贸易，但随着美国和欧洲的战略重心转移，订单数量下降，以及石油危机的影响，日本开始出现产能过剩和经济危机。在此阶段日本面临的问题是，日本人民基本实现小康，企业生产很大程度上依赖政府计划和指导，劳动力成本红利、贸易优势在逐渐消失，国内消费需求不足，政府也不愿意背负过重的财政压力来创造需求。

日本的这种状况持续了较长时间，甚至延续到现在。在泡沫经济崩溃后，日本经济陷入长期低迷，增速不断下降，这一现象被称为"日本失去的十年""日本失去的二十年""日本失去的三十年"。在 20 世纪 80 年代，日本的经济增长率维持在 3% 至 4% 之间，进入 90 年代后大幅降至 1% 左右。

总之，日本经济发展受到重重阻碍，促使日本政府实施供给侧结构性改革。

二、改革的主要措施

20 世纪七八十年代，日本改革侧重推动产业升级转型以及矫正资源配置扭曲，针对"结构性萧条产业"实施"去产能"措施，提高资源使用效率；推动新兴产业发展，促进科技进步。20 世纪八九十年代，政策实施重点转向重视改善经济结构，继续推动产业调整和"去产能"工作，推动日本经济结构改革、规则改革，目的在于提高经济资源的使用效率，推动经济增长。21 世纪初期，小泉政府进行了金融系统改革、劳动力市场改革等（田正，2019）。日本的供给侧改革措施主要有（程永帅，2020；田正，2019；刘巍，2017）：

第一，减量经营，降低能源消耗。此前，日本企业为了取得快速发展，多通过借贷方式进行大量投资，企业负债率极高。随着国内经济发展形势日益严峻，企业在经营效益低下的同时还面临高负债，企业负担愈发严重，甚至随时会有破产的风险。因此，日本政府鼓励企业采取"减量经营"即减少负债、节约能源、减少人工成本的方法进行经营，辅之以相应的货币政策为企业去杠杆。再通过引导部分产能过剩企业关停等措施，使行业生产能力得到削减，并鼓励国内的劳动密集型产业尤其是高污染、高耗能的产业向海外转移。同时，鼓励企业进行内部技术改造和生产设备更新，努力节约能源消耗。也通过减少雇佣工人、对失业者进行财政补贴等方式降低人工成本，并颁布一系列的法律保障失业者的权益。

第二，引导产业结构升级，培育新兴产业，大力发展服务业。日本政府颁布法律，对衰退产业和过剩产能等问题进行梳理和调整，将具有过剩产能企业的设备收购后进行报废处理。对特定萧条产业提供资金支持，对进行过剩产能淘汰的企业提供优惠贷款和技术，促进企业转型，鼓励电子计算机、信息通信等新兴技术密集型产业并提供资金支持，这在服务业的初始发展阶段和成长阶段起到了巨大的推动作用。日本政府于1983年制定了《改善特定产业结构临时措施法》，继续推动产业调整与过剩设备处理工作。根据这一法律，结构性萧条产业需制订"结构改善基本计划"，明确过剩设备处理目标及处理方式。

第三，激发创新功能，加强科技创新。日本积极引进国外先进技术并研究吸收，形成拥有自主知识产权的创新技术，依靠自主创新推动产品升级。对于技术密集型产业，政府采取补助和减税的方式鼓励企业创新，对创新企业提供融资。20世纪80年代，日本政府提出了"技术立国"的口号，并采用诸多措施促进科学技术创新，包括提高研发投资支出、促进国有研究实验设施建设、提倡多学科技术融合发展、推动国际研发合作、积极推动产业"知识集约化"、促进产业技术高附加值化，以及采用财政金融措施助推新材料、微电子以及生物工程等产业领域发展。

第四，推动改革。实施规制改革，日本政府取消了一系列限制性壁垒，促进了电信、铁道等部门的民营化进程，提升了经营效率。减少政府干预、扩大准入领域、推进制度性改革、提升企业活力。1996年，桥本龙太郎上台执政，在日本经济增长陷入低迷的背景下提出了"六大改革"方案，即行政改革、经济结构改革、金融系统改革、社会保障结构改革、财政结构改革、教育改革等，试图通过实施这些改革，降低日本高企的生产成本，促进劳动、资本流动，促进创新，提高经济效率。在改革过程中，政府没有进行过多干预，而是依靠企业自身的自觉行为，并且政府对积极改革的企业提供相应的财政补贴和税收支持。在推进简政放权方面，20世纪80年代，围绕住宅、土地、信息、通信、流通、金融等领域，简化和废除审批手续约390项，进入90年代后，又进一步削减了近1 000项政府权力。

第五，发展第三产业，确保雇佣稳定、产业结构顺利调整。20世纪70年代至80年代，日本服务业发展迅速，主要围绕扩大消费者需求及产业需求而展开，形成了消费市场牵引、相关制造业投资跟进、支援性服务业补充发展的产业发展链条。20世纪70年代末，日本开始注重服务业整体水平的提升，高度多元化与专业化的大资本逐渐取代中小企业成为服务业领域的重要力量。到了20世纪80年代，日本的服务业特别是服务贸易在全球开始处于领先地位。

三、改革的成效

日本供给侧改革的成败得失主要有如下方面（程永帅，2020；谢世清，2017；崔健，2019）：

第一，早期在一定程度上维持了较高速度的增长，20世纪70年代的改革基本上实现了稳增长、调结构的目的。在20世纪70年代，日本通货膨胀率快速下降，一度稳定在2%左右的最合理区间，失业率一直在2%上下波动，达到了充分就业经济体的自然失业率。CPI和就业率的平稳表明这一轮经济结构的调整没有对短期经济带来大规模冲击，改革的负面效应得到了控制。1982—1986 年，日本 GDP 增速仍然保持总体上升势头，最高达到 7%，并终于在 20 世纪 80 年代中期超越苏联成为世界第二大经济体。

第二，通过"减量经营"成为制造业强国。日本采取的"减量经营"措施取得了巨大成效，成功地使其制造业取得了显著的国际竞争优势。1980 年以后，日本的汽车、电器、电子产品、机床等大量出口以美国为首的海外市场并受到了广泛欢迎，钢铁、化工、机电、汽车等制造业迅速建立了国际竞争优势，日本获得了制造强国的地位。这一时期，日本的出口额大幅度增加，增幅大大高于其他发达国家。日本制造业的生产指数增长 362%，其中机械工业增长达到 612%，日本一跃成为仅次于美国的世界第二大经济强国，钢铁、造船、汽车等产品产量增长占世界产量增长的比重都在 50% 左右，电子机电产品占世界产量增长的比重高达 90%。同时，日本的制造业在节能方面也获得了巨大突破，经过几年的发展，日本成为能源利用效率最高的国家。

第三，日本能源依存度降低。实行供给侧改革前，日本国内能源有限，许多生产企业的发展都受到了来自能源的制约。供给侧改革后，日本加强了对技术密集型和知识密集型产业的投入并取得了很好的效果，促进了产业结构的转变，能源强度不断降低。在减少能源消耗的同时，电子、汽车、通信等技术密集型产业迅速崛起，这些新兴产业的产品受到了国内外市场的广泛欢迎，成功实现了产业结构升级。

第四，科技创新能力增强。进入 20 世纪 70 年代，日本开始从模仿创新向自主创新转型，摸索建立独立的创新体系，依靠自主创新引导产品升级，依靠技术优势逐步获得了强大的竞争力，用创新产品的优势吸引大量海外需求，极大地刺激了经济的发展。依靠科技创新及各项措施的支持，日本成功解决了经济由高速发展转向中速发展中所面临的一系列难题。

第五，遗留问题较多。日本在 20 世纪 70 年代实施的供给侧结构性改革基本实现了目标，同时也遗留了一些问题，主要表现在三个方面。其一，经济增长过度依赖外需。庞大的国际收支顺差，导致世界经济的国际收支严重失衡，经济摩擦频发，贸易保护主义日渐抬头，发展中国家的债务危机不断升级，日本所面临的外部环境日趋严峻。日本国民也为自己的生活条件与经济大国地位不相称而叫苦不迭，要求改善劳动条件和生活基础设施。其二，产业多层结构继续存在。石油危机爆发后国际经济竞争更趋激烈，日本加工型行业和出口行业等通过合理化投资逐渐适应了这种变化。除此以外的多数行业，尽管为应对国内的竞争而不断采取措施提升效率，但相对而言水平较低。日本行业间劳动生产率差距进一步扩大。其三，形成了弱者保护主义。日本在 20 世纪 70 年代稳定经济增长、调整经济结构的过程中，形成了一些弱者保护主义政策。其典型政策包括：在地方大规模开展道路建设等公共事业，通过米价支持政策支持小微稻作农户，给地方中小企业优惠待遇，保护小微商店，在医疗和生活上广泛地照顾老人等。这些弱者保护主义政策一定程度上影响了日本经济整体的生产率，致使其经济增长率有所下降。

四、改革的经验与启示

日本供给侧改革的经验、教训与启示包括如下几点（刘巍，2017；程永帅，2020）：

第一，梳理过剩产能，推动企业向高端转型转产。梳理产能过剩，降低使用能耗，需要发挥政府作用，突出引领性、强制性、严肃性和激励性。要完善梳理产能过剩相关的立法工作，确保有法可依、有章可循。明确梳理过剩产能的总量目标、重点行业、实施力度和推进节奏。我国在产业结构升级中应借鉴日本的经验，对于高耗能产业要化解其过剩产能，对于拥有一定市场的产业进行优化升级；在改革中要注意产业升级带来的失业问题，通过大力发展服务业吸纳剩余劳动力，为产业结构升级提供更多保障。

第二，依靠创新驱动，加快结构优化与转型升级。在战略性新兴产业和重大前沿科技领域，必须依靠政府和国有企业主导创新活动，更好地发挥其在技术沉淀、资源调动、资金保障等方面的优势。目前我国产业结构调整、新兴产业发展都离不开创新。我国应大力鼓励企业持续加强科技研发投入，推动研发团队建设，提升企业创新能力，打造企业核心竞争力，为企业自身发展提供科技保障；国家应采取有力措施，进一步落实人才强国战略，加快构建以企业为主体、市场为导向、产学研相结合的新型科技创新体系；建立高校服务地方发展的产学研用孵化平台，鼓励科技人员交流兼职，强化高校与企业在人才培养方面的合作，大力提升企业的创新能力，不断推动重大领域的科技创新。

第三，倡导"工匠精神"，推动精致化生产与管理。首先，要从企业文化和社会氛围上倡导对工匠的推崇和敬重，让工匠这一职业能够得到同行的推崇、社会的认可，从小培养孩子钻研技术的兴趣，注重实际技能的训练，在学校教育中植入"匠人意识"，渗透"职人文化"，加强人力资本投资，充实职业技能教育。其次，构建竞争充分的市场环境。产品精益求精很大程度上得益于激烈的市场竞争。在充分竞争的环境下，产品只能以质取胜，这迫使企业生产更高质量的产品。为构建国内统一的大市场，日本逐步制定了以产权保护制度、市场准入制度、公平竞争制度和社会信用制度为四大支柱的市场制度体系。在市场准入方面，日本于20世纪60年代开始精简行政审批流程，逐渐减少行政审批事项。到了80年代中后期，日本又推行民营化改革和规制改革。在公平竞争方面，日本政府于1947年颁布《禁止垄断法》，初步构建了反垄断政策体系。到了20世纪80年代以后，日本积极推行规制改革。由此，日本反垄断政策领域已经形成了以《禁止垄断法》为基础、以《防止官制串通法》《承包法》为补充的法律法规体系。

第四，放松行政管制，推进市场化等制度性改革。减少政府行政干预，打通要素流动通道，扩大市场开放，优化资源配置。解决政府职能错位、越位、缺位和不到位的问题，让企业成为市场主体，接受价格信号指引，承担契约性约束。在竞争中激发活力、寻找机遇、自负盈亏、自我调节。我国应借鉴日本的经验，打造服务型政府，通过简政放权、放松管制，充分发挥市场在经济发展中的作用，提高资源配置效率。同时，应进一步完善法律法规，在放权的同时加强市场监管，维护市场秩序，积极促进改革。

第五，转变能源利用方式，积极开发新能源。我国作为能源消费大国，能源资源以煤炭为主，油气资源对外依存度较高。因此，大力提高不可再生能源的利用率，大力发展低碳、清洁型能源，对我国经济发展而言至关重要。

第六，加快国有企业改革。目前，我国国有企业仍主导着石油、电力、钢铁等重化工业等产业，金融、电信、电网服务业领域同样由国有企业主导，民营企业在这些产业领域的发展仍受到较大限制。这种状况会使大量的信贷、土地、行政资源等过度集中于国有企业，不利于市场环境的优化。因此，在我国供给侧结构性改革中，在坚持公有制主体地位的原则下，应积极稳妥地推进混合所有制改革，进一步完善公司治理结构，健全市场化经营机制，通过改革创新不断增强企业活力、提升企业核心竞争力。

第五节　韩国

一、改革的历史背景

韩国的供给侧改革是在产业结构调整和经济转型政策下推行的。供给侧改革和产业结构调整虽然是经济领域两个不同的概念，但两者关系十分密切。首先，产业结构升级是供给侧改革的一种体现，优化产业结构是供给侧改革的一项重要任务。产业结构的升级不仅仅是经济发展的需要，也是供给侧改革的目标之一。其次，这两者之间存在相辅相成、相互促进的关系。供给侧改革的目标是提高供给效率，而产业结构调整则是通过调整产业组成来实现结构优化，两者相辅相成，共同推动经济的可持续增长。产业结构调整的实施为供给侧改革提供了实践平台，使改革更具有针对性和实效性。供给侧改革可以提高生产效率和产品质量，能为产业结构升级提供更好的基础。最后，两者共同服务于经济发展目标。供给侧改革和产业结构调整的最终目标都是促进经济结构的优化，提高整体经济效益。通过改革和调整，可以更好地适应市场需求，推动产业升级，提高国家的国际竞争力。

20世纪60年代以前，韩国是典型的小农经济国家，资源和资本不足、市场狭小（韩秋，2006）。在这种情况下，韩国政府认为依靠市场机制的自发作用不可能实现经济起飞，必须由国家来规划产业结构目标并通过政府扶植战略实现产业起飞。20世纪60年代初，韩国政府制定了第一个五年计划，目标是发展"进口替代"工业，以奠定"经济自主"的基础，而后根据本国劳动力资源丰富的国情改成"出口导向型"经济发展战略。1967年韩国正式加入GATT（关税及贸易总协定），广阔的国际活动舞台和相当宽松的金融、投资、贸易和技术市场为韩国的出口导向战略提供了诸多方便条件。韩国政府充分利用当时国内的廉价劳动力和纺织工业的优势，大力发展出口加工业，使轻纺工业等劳动密集型产业成为出口的主力，为韩国的资本和技术积累创造了条件。20世纪70年代中期以后，石油危机和西方主要资本主义国家的经济衰退，导致贸易保护主义不断抬头；同时在国际市场上，中国和东南亚国家利用价格优势同韩国展开激烈竞争，使得韩国的轻纺工业产品出口受到巨大影响。此时积累了一定资本且具有一批技术力量和经营管理人才的韩国又通过"重化工业化"战略，将重点产业逐步转到资本密集型的重工业产业上。进入 20 世纪 80 年代以后，随着科学技术的广泛应用和高附加值产品的出现，高科技和知识密集型产业受到重视，韩国政府加速劳动和资本密集型产业向技术和知识密集型产业的转化，使得汽车、电子产品和半导体成为韩国的主要工业。经过近 40 年的发展，韩国从落后的小农经济国家一跃成为较为发达的新兴工业化国家，这一事实被经济学家们誉为"汉江奇迹"。而进入 20 世纪 90 年代，随着国内、国际环境的变化，越来越多的国家采取外向型发展战略之后，韩国的劳动力成本优势没有了；在与美国等发达国家的贸易摩擦中，传统的加工制造业出口萎缩了，同美国和日本等发达国家相比，无论是从总量上还是从比例上来看，都有很大差距，韩国的产业结构调整显得底气不足、动力不足。1997 年，在亚洲金融危机的影响下，韩国终因这一系列问题陷入金融危机，韩国经济步入战后最严重的衰退期，金融形势再次告急，工业生产和内需市场连续严重萎缩，对外贸易不景气，失业率不断上升，经济形势非常严峻。对此，韩国政府采取的摆脱危机的途径是进行产业结构调整。

韩国推行供给侧改革大致始于 20 世纪 70 年代。这时，韩国面临国内外严峻的经济形势（沈铭辉，2018）。在国际层面，20 世纪 70 年代，随着布雷顿森林体系瓦解，国际经济出现各种危机和动荡。1973 年第一次石油危机爆发，石油价格上涨，世界经济受到了负面影响，其中多数工业化国家的经济增长显著放慢。随后，受到贸易保护主义的影响，不少国家的出口受到限制，国际贸易环境严峻，发展中国家的出口市场大幅萎缩，出口导向型国家受到的冲击更严重。在韩国国内，在产业领域，政府对工业扶植力度过大，特别是重化工业投资失衡，工业生产效率低下，农林水产业的产值也大幅下降；在对外经济领域，出口不断下滑，国际收支赤字攀升，外债负担加重，最终导致韩国通货膨胀率攀升至 21%，批发物价上涨率达到 19.7%，国民经济结构出现了失衡现象，进出口增长率、通货膨胀率、经常账户收支等经济指标均未达到预期目标。为了应对国内外经济形势变化，1981 年，韩国政府提出"稳定、效率、均衡"的政策思路，对国民经济进行了全面调整。

进入 20 世纪 90 年代以来，韩国人均收入达到世界高收入组别，这时，韩国经常项目逆差、外汇储备、债务规模都面临极大的压力。经常项目收支情况除了 1993 年以外基本上保持逆差水平，经常项目逆差规模呈现逐年扩大的趋势。尽管如此，在韩国经常项目保持较高逆差水平的情况下，资本领域仍然维持净流入。在亚洲金融危机爆发前，韩国经常项目收支不断恶化，短期外债规模扩大，在外汇储备捉襟见肘的情况下，各种海外资金却在不受监管地净流入韩国资本市场，韩国金融市场的任何风吹草动都有可能打破海外投资者对韩国市场的信心，韩国资本市场面临巨大的风险。进入 1990 年后，韩国出口竞争力下降，外汇储备一度负增长，1991 年韩国外汇储备跌落至 137.33 亿美元。尽管韩国外汇储备在 20 世纪 90 年代中期有所恢复，并实现了较快速度增长，但是韩国外汇储备波动大，特别是短期债务过高，外汇储备显得杯水车薪。尤其是 1996 年短期债务高达758.86 亿美元，长期债务也达到 814.77 亿美元，韩国的短期债务占外汇储备比重这一指标达到 228% 的危险水平。

二、改革的主要措施

为了应对国内外经济形势变化，韩国进行了持续的改革，并于 1981 年提炼出了"稳定、效率、均衡"的政策思路，试图以此为指导对国民经济进行全面调整。改革的主要内容包括（沈铭辉，2018）：①调整产业结构，促进协调均衡的产业发展，增加就业岗位和就业机会；②加快农村工业化进程，促进中小企业发展；③加快市场开放步伐，不断放宽各种进口与投资限制；④推进金融自由化改革，维护市场公平竞争秩序，反对各种形式的市场垄断；⑤推动收入分配制度改革，完善社会保障制度；⑥采取紧缩性财政和货币政策，抑制通货膨胀；⑦加强对技术研发的投入，大力发展技术密集型产业等。下面我们主要阐述其中的产业结构调整、税收改革与涉及农村的"新村运动"方面的做法。

其一，产业结构调整方面。调整产业结构是此次供给侧结构改革的重中之重。在韩国众多产能过剩行业中，最为突出的两个部门是房地产行业与重化工业。针对房地产行业，1978 年 5 月 22 日，韩国颁布建筑规制措施，对于 70 坪（韩国 1 坪 = 3.305 7 平方米）以上投资、以商用或公用为目的的建筑物一律禁止发放施工许可。8 月 8 日，韩国政府又公布了《旨在抑制房地产投机以及维护土地价格的综合政策》，调整了一般居住型住宅交易所得税率，从原来的 30% 提升至 50%；并对不同住房购买者采取了差别待遇，规定对于首套住房购买者减免注册费、购置税以及交易税。随后，陆续实施土地交易制度改革，将投机可能性较大的区域列为重点监控地区，严禁房地产商或中介机构进行房地产投机活动。1984 年后，在韩国政府的严格管控之下，韩国的房地产市场逐步降温。

在重化工业行业，1979 年，韩国政府出台了《经济稳定化综合措施》，大幅度打破了垄断许可产品类目，调整对重化工业的过度倾斜政策，引导企业增加轻工业产品供给。1980 年 8 月，韩国政府对发电设备、汽车、工程重型装备等存在重复及过剩投资的 3 大领域 9 种产业进行结构调整。1980 年 10 月，韩国政府完成了对重型电机、电子交换机、铜冶炼等产业的结构调整，而部分产业部门的结构调整一直持续到 20 世纪 80 年代末。对于新兴产业，韩国政府则通过减税等政策鼓励其发展。1985 年，韩国政府修订了《租税减免规制法》，对于列入政府鼓励发展目录的产业给予优惠税收政策，减免转让税、购置税、注册税等。在财政金融政策方面，物价水平作为韩国宏观经济政策的主要调控对象，得到了有效的控制。同时，韩国工资水平面临过度上涨压力，韩国政府率先压低了政府部门公务员的工资水平。为了防止出现工资上涨导致通货膨胀的局面，政府引导企业和工人根据未来物价上涨率来确定企业部门的工资。由此韩国政府有效地利用供给侧管理手段，防止经济出现物价—工资螺旋上升，较好地维护了宏观经济稳定。

其二，税制改革方面。韩国的税制改革是实现产业结构调整的重要手段。税收对生产结构的影响主要通过降低税率、减免税收、投资抵免、特别折旧等方式，降低某些部门的税收负担，从而改变资源在部门之间的配置及相应的产出结构来实现产业结构调整（徐佳宾，2002）。税制改革着眼于鼓励储蓄和诱导投资两方面，但在不同阶段有着各自的政策重点和策略。税制改革的意图有三：

首先，配合金融制度的安排。为了在不伤害储蓄与投资的同时降低低收入者的税收负担，政府通过提高免税额的办法来应对公平税制的要求，自 1989 年开始一系列税收改革，7 次提高免税额。提高减免额的后果是税基缩小，如果税率不提高，就会减少收入。1991 年，因专门免税与抵扣导致的直接税收入流失占实际征收的 18%。公司所得税的税率通过 1963 年、1964 年、1966 年、1968 年、1981 年的改革逐渐提高，但是从 1982 年开始又降低了税率，在 1990 年开始不再区分公司类型统一实行两档税率。1993 年、1995 年、1996 年的改革又全面降低了税率。

其次，通过激励政策直接诱导投资。在 20 世纪 60 年代的出口导向时期，对出口部门实行税收激励，减免所得税。1973 年开始实行免税公积金体制：海外市场发展的公积金体制和用于弥补出口部门损失的公积金体制。在重化工业时期，对重化工业的激励政策呈现一个反"N"形轨迹。1949 年就确定以免税期的方式对化肥、机械、石化、造船等国民经济发展的重要部门予以激励，规定包括炼油、造船、钢铁、化肥、炼铜、水泥在内的第一集团在正常运作的最初 5 年内免公司所得税，包括矿业和平面玻璃制造的第二集团是 3 年免税期；1954 年，第一集团免税期降为 3 年，第二集团免税期降为 1 年；1963 年，矿业升为第一集团，免税时间也调整为 4 年；1966 年，炼油和化工被排除在集团之外；1967 年，由投资抵免取代了免税期的规定，对汽车、化肥、电子、食品、制造、造船等实行 6% 的投资抵免；20 世纪 70 年代，对重化工业的激励重新加强，1972 年扩大投资激励的范围。1974 年，为简化税制，开始实行"关键部门的特别税收待遇"，重点部门有权在免税期、特别折旧、投资抵免三者中择其一。免税期的规定：最初 3 年 100% 免公司所得税，后两年是 50%。1986 年，战略产业的特别税收待遇被取消，特别折旧制度纳入普通公司税法规定，但 10% 的投资抵免保留了下来。20 世纪 80 年代开始进入调整与自由化时期，强调功能型税收激励，政策的重点是鼓励企业从事研究开发和促进中小企业发展。

最后，保证财政支出的资本性投入。改革中不断加强税收管理，一系列简化管理、建立税收的自我评估体系、鼓励自愿纳税、保护纳税人的权利、加强对税务官员培训等办法的实施，有效地防止了税源的流失。韩国最重要的管理改革是在 1961 年建立了计划委员会和 1966 年建立了全国税收管理办公室，后者的建立标志着税务政策与管理的分离，有利于提升管理机构的地位，使调查与审计的范围更加广阔。更重要的是，政府有了强有力的工具，既可获悉经营的实际状况，也可借此确保商人们对政府俯首听命。

其三，涉及农村的"新村运动"。韩国的"新村运动"比较有特色。韩国"新村运动"是 20 世纪 70 年代韩国实行的农村发展战略，旨在通过改善农村地区的基础设施、提高社会服务水平、促进农业现代化等手段缩小城乡差距，提高农村居民的生活水平，实现农村社会的全面发展，进而促进整个国家的经济和社会进步（齐永峰，巨强，2016）。20世纪70年代初，韩国在实施两个"五年计划"后，经济取得了很好的发展，但是工业和农业之间发展严重失衡，城乡居民的收入差距明显增大，韩国政府面临转变城乡二元经济结构，在全力发展工业的同时解决农村问题，促进工农业和城乡协调发展、社会和谐进步的重要任务。在迫切的需求之下，1970年，朴正熙政府提出了在农村开展自主运动，各村庄制定改善本村生活环境的计划，政府提供部分援助。韩国"新村运动"可以分为三个阶段。第一阶段为1970—1973年，主要目标是改善农村的生活环境条件，政府对运动成绩项目评比的优先顺序是"改善生活环境—增加家庭收入—转变态度"。第二阶段为1974—1976年，主要目标是发展经济和增加收入，项目评比的优先顺序调整为"增加家庭收入—转变态度—改善生活环境"。第三阶段为1977—1979年，主要目标是精神启蒙，通过改变观念来全面巩固和提高运动成果，政府还在增大项目建设规模、加强区域合作、密切城乡和工农关系等方面进行尝试，鼓励和引导农民发展农产品加工业来增加收入。而到了1980年，韩国的"新村运动"逐渐从政府主导转换成民间主导，到20世纪90年代后基本上实现了完全由民间主导。

在亚洲金融危机期间，韩国政府的应对措施主要集中在实施结构改革和克服外汇危机方面，具体做法包括产业政策调整与企业内部治理改革、财政与货币政策调控、公共部门改革。其中，产业政策调整与企业内部治理改革方面，在亚洲金融危机发生后，韩国政府在确定产业与企业改革总体原则后，通过完善证券交易法、破产法、公司整顿法等确立法制基础，达到限制企业盲目扩张的目的。随后，陆续发表"金融和企业结构调整方案"等改革政策，要求各商业银行对于经营不善的企业进行客观评估，并通过合并、出售或关闭等方式整顿相关产业。为了调整产业结构，韩国政府要求大企业集团进行生产结构调整，实现资产重组与优化。在韩国政府的推动下，大企业集团实现了重大产业交换方案，大企业集团得以集中从事各自核心优势产业，避免过度膨胀与重复投资，经营状况迅速改善。大企业集团对经营与投资的理念也发生很大变化，更加重视现代公司治理，不断完善公司内部制度来防止投资战略出现纰漏，公司的经营者与所有者之间利益也逐渐实现均衡。

三、改革的成效

韩国政府有效地利用供给侧管理手段，防止经济出现物价—工资螺旋上升，较好地维护了宏观经济稳定。在整顿企业时，在韩国政府强有力的干预下，韩国最大的财阀之一——大宇集团最终宣告破产，打破了"大而不能倒"的神话，对韩国产业与企业结构改革产生了深远影响。大企业集团不仅经营状况改善，并且对经营与投资的理念也发生了很大变化，更加重视现代公司治理，不断完善公司内部制度来防止投资战略出现纰漏，公司的经营者与所有者之间利益也逐渐实现均衡。价格型调控方式在平滑韩国经济波动方面发挥了积极作用，有效避免了韩国经济出现过度动荡。这些供给侧改革不仅使韩国经济较快恢复，推动了韩国产业的技术进步，提高了韩国大企业在全球信息通信技术、钢铁、石化和电子等产业领域的竞争力，国民经济结构也得到明显改善，奠定了韩国经济长期持续增长的基础，使得韩国成为二战后极少数从最不发达国家成功实现经济赶超和经济转型的国家。

"新村运动"也取得了明显成效。一是改善了农民的生活环境。20世纪60年代末，只有20%的农民安上了电灯，70年代末达到98%，还有交通方面村村通车，住宿、饮水、卫生条件和农村的环境都得到很大的改善，到90年代，全国实现了电气化，农村面貌焕然一新。二是促进了农村的经济发展，农产品加工业得以兴起，流通体系健全，农民理财意识逐步增加，农村金融信贷业不断活跃。三是带动了农民收入增加。1980年，农民收入达到城市居民收入的95.8%，1990年达到了城市居民收入的97.4%，后期尽管有所下降，但是一直保持在80%以上，维持了社会稳定。四是改变了农民的精神面貌，激发了自主建设家乡的积极性，培养了自立自强的精神和开拓进取意识，为经济发展和社会进步积累了深厚的动能。

四、改革的经验与启示

韩国供给侧改革的经验与启示为（沈铭辉，2018；齐永峰，巨强，2016）：

（1）供给侧经济改革要注重短期与中长期目标之间的平衡，要以提高长期经济效率和产业竞争力为目标导向。当前全球价值链和产业结构正处于大调整时期，这导致新兴经济体发生系统性风险的概率增大。因此，中国在实施供给侧结构性改革时，必须通盘考虑稳定增长与预防风险的政策目标。

（2）供给侧结构性改革的最终落脚点要放在微观主体上，通过财税政策降低企业的制度性交易成本。中国经济增长也已经从高速增长阶段进入中高速增长阶段，进一步减税降费有助于减轻企业经营的税费负担，既降低宏观税负，也要关注不同缴纳主体所面临的不同处境，进一步为企业降低其他经营成本，释放企业发展潜力。

（3）财政政策目标主要在于长期经济增长，要坚守稳健财政的总体原则。财政政策不仅要考虑显性财政赤字，还要考虑地方债与国债等隐性赤字带来的多重经济效应，要在科学评估财政赤字规模与效应的前提下，在合理规模范围内实施赤字财政政策，提升财政政策的有效性，避免政策的超调现象与失灵。

（4）完善的宏观调控政策体系将有助于提高宏观经济政策精准度。当前中国经济的结构性问题不仅包括产业结构、要素投入结构和排放结构，还涉及地区结构、经济增长动力结构和收入分配结构等矛盾和问题。为了实现宏观调控政策目标，我国也需不断完善宏观调控政策体系，从全局角度实施宏观经济统筹管理。

（5）推进城乡一体化发展。首先是推进农村基础设施建设。长期以来我国财政对于农村基础设施和公共服务投入不足。从供给侧改革的需要来看，健全农村基础设施，改善农村公共服务，推动城乡公共资源均衡配置，是我国"补短板"的重要内容。其次是深化农村土地制度改革，保护其土地财产权益，鼓励农民高效利用土地，还有保护农民的财产权利，避免出现剥夺农民的现象。推动土地流转和规模化经营，推动农村劳动力自由流动。再次是推进农业产业化发展，积极发展新型农业经营主体，有序引导工商资本进入农业农村领域，改造传统农业，发展商品农业。再其次是推进农村人力资本提升。我国必须注重提升人力资本水平，不断提高劳动生产率。一方面是改变农民精神面貌，另一方面是提高农民科学文化素质。最后是推进农村地区金融深化，不断健全农村金融服务体系，加大农村信贷投放力度。

第六节　澳大利亚

一、改革的历史背景

澳大利亚是后起的工业化国家，农业、采矿、制造业和服务业是该国四大主导产业。从总体来看，20 世纪 80 年代，澳大利亚经历了一段经济低迷时期，包括高通货膨胀、经济低增长和高失业率等问题，这促使政府意识到必须进行结构性改革来提高经济竞争力。在全球化进程加速的背景下，澳大利亚面临着来自国际市场的竞争压力，尤其是来自新兴经济体和亚洲地区的竞争，全球经济形势的变化促使澳大利亚政府采取一系列措施来提高国家的竞争力和适应能力。许多国有企业在当时效率低下，成为经济增长的拖累，促使政府考虑进行国有企业私有化和市场化改革，以提高其效率和竞争力。劳动力市场刚性和就业保护政策限制了企业的灵活性和竞争力，阻碍了经济增长和就业机会的创造。澳大利亚在住房保障、农业与教师供给等方面的供给侧改革较有特色。

一是在住房保障的供给侧改革方面（杨跃龙，2019），澳大利亚认识到可负担住房的重要性。住房被认为是影响澳大利亚全国经济和全民福祉、支撑经济和社会发展的关键性基础设施之一，居民的住房权得到充分的尊重，被视为人权的一部分。可负担住房通常指能够满足政府所规定的可获得性和可负担性要求的住房，既包括租金低于市场水平且专门供给符合条件的低收入家庭使用的租赁住房，也包括通过补助性贷款支持或共有产权安排来提供给符合条件家庭的自有住房。家庭收入不同相对应的可负担住房模式也不同，政府的补贴程度、干预水平也不同。随着人口的不断增加，住房价格急剧上涨，居民的工资水平却没有同步上升，导致购买住房和租赁住房比以往更加困难，这种情况在各州的首府城市更加突出，居民住房的可负担问题不断恶化。同时，保障性住房供应的增长速度跟不上住房需求的持续增长，新建保障性住房相对滞后且存量保障性住房持续折旧，澳大利亚可负担住房缺口不断扩大，保障性住房的可获得性不断降低。为了缓解住房压力、解决可负担住房供应不足等问题，澳大利亚的住房政策开始改变过去只注重需求侧进行补贴的做法，尝试通过政策创新，激励市场和非营利组织增加可负担住房的供应，并实施一系列政策帮助居民解决住房问题。澳大利亚鼓励人们拥有自己的住房,有利于社会的健康稳定发展,同时住房建筑业也可以带动相关产业的发展,为社会提供大量就业岗位。

二是在农业供给侧改革方面(赵玉妹,2017)。澳大利亚具有资源大国和人口小国的特征,使其资源使用成本较低,但澳大利亚的农业发展尤其是种植业往往需要以减少林地或湿地面积为代价,加上澳大利亚大规模家庭农场式经营模式导致的地下水过度采用、生物性农业技术造成的农业面源污染等问题,农业污染已经成为澳大利亚农业发展的短板之一。为此,澳大利亚政府在实施农业供给侧改革过程中坚持可持续发展和绿色环保理念,重视农业发展和环境保护的相互关系,对环境保护责任进行监督与管理。

三是在教师供给侧改革方面(时广军,2023)。澳大利亚在教师供给侧改革背景下推行了"工作型"路径教师教育。澳大利亚虽然整体上属于经济发达国家,但其教育也面临相对薄弱困境,薄弱学校的存在影响到其国内的教育公平问题。澳大利亚当前面临着严重的师资短缺问题,诸如工作压力大、重复性强、工资待遇低等问题正造成澳大利亚国内教师流失。为了增加教师供给,澳大利亚鼓励培养单位探索不同的教师教育模式,且对学生文凭的要求越来越高。薄弱学校的师资压力大,"工作型"路径允许学生不用按照传统"学院型"路径来先完成职前教师教育,而是直接入职学习。这些为学生扎根薄弱学校进行田野学习提供了顶层设计,"工作型"路径将促使学生深入当地,丰富他们的实践体验。澳大利亚界定"薄弱学校"一词,用来强调系统性薄弱,而非个人或文化的缺陷。2010年,官方发布"社区的社会教育优势指数",以反映不同学校的社会优势。该指数由父母职业、父母受教育水平、地理位置、土著学生比例四个维度计算而得,中间值为1 000。指数数值越低,表明学生所在学校的教育优势越薄弱。

二、改革的主要措施和成效

在面临高通货膨胀、经济低增长和高失业率等问题,急需采取措施来提高国家竞争力和适应能力的情况下,澳大利亚政府采取了以下措施:①金融市场改革。澳大利亚政府推动了金融市场的自由化和开放化,放宽了对金融业务的管制,并增加了市场参与者的多样性,加强了金融业务的竞争性，提高了金融市场的效率和灵活性。②推进私有化。政府实施了大规模的国有企业私有化计划，通过将国有企业转变为私营企业，提高了其效率和竞争力，并改善了资源配置效率。③劳动力市场改革。政府采取了一系列措施改革劳动力市场，修改了劳动法规，放宽了对劳动力市场的管制，提高了劳动力的灵活性和效率，改革了就业保护政策，减少了对雇主的就业保护限制，降低了雇佣和解雇的成本，鼓励企业增加就业机会，政府加强了对劳动力培训和技能发展的投入，改革了社会保障体系，提高了对失业者和弱势群体的支持力度，促进了就业机会增加。④贸易自由化。澳大利亚政府通过签订自由贸易协定、降低关税等措施推动贸易自由化，提高了澳大利亚企业的国际竞争力，促进了国际贸易的发展。

在住房保障的供给侧改革方面（杨跃龙，2019），澳大利亚政府的措施有：①管理体系中的政策和机构变化。在联邦层面，长期设有部长级别的住房管理要职，专门管理保障性住房并处理无家可归者问题。政府签订了"全国可负担住房协议"，代替曾经的"联邦与州住房协议"，实施了"全国租赁住房可负担协议计划"，提出了"保障性住房倡议"，2015年后保障性住房政策重新成为政府的重点工作之一。在州层面，长期以来都有住房部长和住房管理部，负责公共住房的提供和管理，现在的主流做法是将曾经单设的住房管理部门与社区服务或公共事务部门进行合并。②采取补贴、税收和金融支持的资助手段。澳大利亚的住房保障手段主要包括现金补贴、税收优惠和金融支持。在住房补贴方面包括联邦租房补助、对保障性住房和可负担住房补贴以及首次置业者补贴。税收安排在澳大利亚的住房制度中发挥着重要作用，税收安排的调整能够最终影响到住房需求和投资收益。税收优惠政策的补贴效果远大于货币补贴效果，房主自用住房所享受的税收减免最多，资本利得享受税收减免，并可免于资产评估，成为免税的保值财产。租赁住房享受投资收益方面的税收优惠。在金融支持方面，澳大利亚政府长期以来都想方设法鼓励养老金、主权财富基金和其他大规模的债权和股权投资者参与租赁住房的投资和开发，以便为租赁住房者提供充足的资金，满足机构投资者长期稳定的资金回报要求，促进租赁市场的专业管理并为租户提供更加长期稳定的可负担住房。③在创新和实践方面，为应对住房可负担能力下降的问题，当前政府关注的核心是如何通过政策激励来扩大非政府部门和其他市场主体对可负担住房的供应，同时鼓励更多金融机构支持并参与可负担住房的开发和建设。澳大利亚政府尝试了不同的策略和模式，包括产权和管理方式创新、金融创新、规划激励等。第一，共有产权住房。近年来，共有产权住房项目在澳大利亚增长显著。共有产权住房指的是两个及以上权利主体按份享有所有权的住房，购房人可以共同分担购房成本，共有权人一般是住房保障机构。在此制度下，购房者的首付金额减少甚至不需要支付首付。第二，成立全国住房金融投资公司，其主要职责是为可负担住房投资者提供低成本的长期贷款，旨在推动机构投资者增加对保障性住房的建设，并通过扩大规模和配套机制来改善融资情况，具有可负担住房债券聚合器和支持全国住房基础设施建设的功能，可以对住房提供者提供金融支持，强化他们的融资和管理能力。第三，在支持住房基础设施建设方面，政府承诺提供为期五年总额10亿澳大利亚元的资金，帮助符合条件的项目建设与住房相关的基础设施。资助形式包括贷款、股权控制、资金补贴等。第四，在规划激励方面，澳大利亚政府发现供给侧激励政策所需资金量很大，而运用规划手段的成本相对较低，比如包容性分区规划、开发密度激励等规划激励手段越来越普遍，这些激励和支持对可负担住房的供应越来越重要。还有退休人群"大房换小房"计划，即是老年群体可以将换小房的收益以税后供款的形式存入养老金账户，促使老年人腾退较大的住房，为市场增加更多供给，进而优化住房供应结构。

在农业供给侧改革方面（解冰，2019；谢晓燕，2018；赵玉姝，2017），澳大利亚将农业发展与环境保护相结合，特别重视环保责任的落实和监督。在国家层面，澳大利亚设立国家环境保护局（NEPA）来负责环境法律的制定，例如《墨累河水协定法》《农业和兽医化学品规则法》。联邦政府需每5年对全国农业生态系统做出评估，并向议会提交生态环境报告。州级政府负责环境保护管理，市级政府负责具体的废弃物处理等公共事业服务，还依据本地特点制定区域性法律法规，如新南威尔士州制定的《农药法》，明确农业生产中的农药使用及土壤残留标准，对破坏环境者予以7年以下有期徒刑和最高100万澳大利亚元的罚款。坚持严格的生产标准体系和监管制度体系，走生态农业发展道路。其种植面积处于世界前列，农产品国际竞争力强，农户增收可持续。在消费者越发关注绿色环保安全因素的大趋势下，发展绿色环保农业，加强标准化、产品生命周期全过程监控，是参与国际竞争的必然选择。通过国家环境保护局、联邦政府、州政府和市政府的协同运作和相互衔接，将农业生态保护纳入法治轨道，形成一套严格完整的法律制度和监管体系，该国生态农业发展前景广阔。

为进一步增加农民收入，刺激农业经营主体生产积极性，提供优质高效的社会化服务体系成为澳大利亚供给侧改革中"补短板"的另一项举措。澳大利亚的农业社会化服务分为生产服务、供销服务和信息服务3种类型：①生产性服务。澳大利亚的大部分生产作业如收割农作物、修剪羊毛、摘收瓜果等由专业人员完成，他们拥有娴熟的技艺水平和先进的技术设备，生产运作效率较高。②供销服务。从生产经营环节来看，澳大利亚政府和专业公司为广大农户提供原材料和农产品销售服务，有偿提供生化类农用物资及其配套服务，无偿提供使用方法和施用范围等咨询服务。在农产品销售方面，澳大利亚部分农产品通过中间商采用公开拍卖的方式进行销售，其中中间商依据各级政府的销售规定，代表农民出售产品并收取服务费。为适应国际市场的需要，澳大利亚政府针对每一类农产品分别设立销售委员会，销售委员会隶属于联邦初级产业和能源部，负责对外宣传和推销产品，依托市场调研与数据挖掘，制定相应的法律与制度，以维护本国农产品在全球的形象。此外，该部门负责对国外农产品的检疫检测，防止有害生物对国家农业生态环境的破坏。③信息服务。澳大利亚政府为广大农民提供经济、技术和市场3类信息服务。在经济方面，政府开发出一套完整有效的农场核算体系，私人咨询公司和公益性农技推广组织依据各类生产者风险偏好和经济实力，建议其从事何种农业生产，向谁借贷资金，以及如何处理同税务机构的关系等。这种发达的经济核算制度与市场信息体系为农民规避交易风险，实现农业安全生产提供了有效保障。在市场方面，每年年初由联邦初级产业和能源部牵头，下属农业和资源经济局召开农业展望会，为农业经营主体和涉农机构提供相关市场信息。除此之外，其他农业服务机构依据各自需要，对农产品信息开展调研活动，为农民提供市场行情。在技术方面，各州政府依据本区域自然特征与生产需要，单独成立并监管农业技术推广服务机构。这种做法一方面有利于减少联邦政府的财政开支，提高资金使用效率；另一方面又降低了联邦政府对州政府有关农技推广服务的行政干预，增加了地方政府自主权，提高了工作效率。

在教师供给方面（时广军，2023），澳大利亚首先提出选择教师的标准是优秀的学习能力。澳大利亚的国家标准要求学生入学或毕业时的读写与算术能力要排在同期考生中的前30%。"工作型"路径的生源质量受到多方面的把控。除硬性成绩外，更依赖"考官"的主观评估来判定学生是否有成为高质量教师的潜力。其次是选拔有强烈从教意愿的生源。"工作型"路径的一大特色是为"想当教师的人"提供机会，不局限于大学毕业生。优先考虑科学、技术、工程、数学等基础学科，期望招募到"能在课堂内外创造变革的人"，而不只是教书匠。在招生时，重点考查学生八种能力，分别为：领导力，对使命的承诺力，沟通与影响力，问题解决能力，组织与计划能力，抗逆力，仁爱、尊重和同情能力，学习和自我评估能力，而非仅仅关注其学业能力。再次是基于薄弱学校与多方合作的田野培养，"工作型"路径体现"做中学"的理念，学生两年内都要扎根在一线薄弱学校，人均承担相当于该校全职教师近八成的教学任务。学生被录取后会进入学校匹配流程，考虑薄弱学校的具体学科需求和学生以往的知识技能，将两者匹配。接受职前培训，对部分教育硕士课程、课堂教学知识、当地学校信息等的学习与了解。到校后，学生将在具体工作场景中实践，并得到教学与领导力顾问、学业导师、学校导师三类角色的支持。最后，对标国家基础性要求并适时分流退出，"工作型"路径期望培养致力于澳大利亚教育不公平问题的变革者，注重过程跟踪，也允许学生中途退出。④以证据为导向，落实评估改进。"工作型"路径基于临床模型思想，让学生进入学校真实场景以促进理论联系实践，该路径可以产生大量的临床证据，诊断出实战问题，形成以证据为导向的评估特色。

从总体上看，供给侧改革促进了澳大利亚经济的增长，通过提高生产率和创新能力，推动了经济结构的升级和转型。提高了劳动力的竞争力，降低了失业率，提高了澳大利亚的国际竞争力，增强了国家在全球经济中的地位和影响力。改善了财政状况，提高了财政收入，增强了财政可持续性。但从社会公平性来看，并没有完全解决社会问题，如贫富分化和社会不平等等问题。改革在各个领域都取得了较好的效果，为中国相对应的供给侧结构性改革提供了参考。

三、改革的经验与启示

澳大利亚住房保障方面供给侧改革的经验与启示为（杨跃龙，2019）：

（1）共有产权可在产权设置、金融支持等方面丰富可负担住房供应。共有产权住房在中国已有实践和试点，但在具体操作上，相关政策仍有进一步完善和深化的空间。一是运作模式。可考虑同时培育和发展"私人股权模式"和"社区股权模式"。二是运营主体。共有产权住房可由政府部门提供和管理，也可由机构投资者运作。政府应做好制度保障和市场监管，避免过度主导，从而影响共有产权住房市场的培育和发展。三是服务对象。应研究与共有产权制度匹配的人群范围，在保证运营可行的同时尽量覆盖各类需要保障的对象，包括普通中低收入者、残障人士、智障人士等。四是金融支持。制定配套的金融支持政策，使共有产权住房市场更为成熟。

（2）住房金融公司可为非政府性质的保障性住房供应和建设者提供金融支持。需要注意的是，是否设立住房金融公司和是否向私人投资者进行补贴，需要政府在直接投资建设和借助市场主体建设保障性住房之间做出选择，考量的因素包括政府资金支出总量、所能创造的保障性住房总量，以及所引起的住房市场（包括租赁市场）价格变化等。

（3）共有产权住房可在产权设置、金融支持等方面丰富可负担住房供应，此外，可考虑引入鼓励性质的规划激励政策来丰富政策措施。

（4）退休人群"大房换小房"计划可以通过结构性调整来增加市场上的可负担住房供应。

澳大利亚的这些住房保障政策实践可以在产权设置、金融支持、规划激励和存量房挖掘等方面为中国住房政策的制定与完善提供参考。但应注意到，住房保障是一个系统性工程，需要不同领域政策和制度的协调与配合。在借鉴这些创新性政策时，仍需综合考量中国的实际情况和需求。

澳大利亚农业方面供给侧改革的经验与启示为（赵玉姝，2017；谢晓燕，2018）：①关注小规模兼业农户发展，构建农业社会化服务体系。需要强调的是，虽然新型农业经营主体具备规模经营、先进技术采纳、资金占有等优势，但小规模兼业农户的数量仍占农业从业人数的80%左右，因此供给侧改革背景下的农业经营主体培育不能忽视这类群体的诉求与发展。②明晰政府职能与定位。农业是国民经济的基础，自然再生产与经济再生产交互进行的特征使得该产业受自然环境和市场要素双重约束，再加上弱质性和外溢效应，政府对农业的扶持是必不可少的。③合理规划农业生产与结构，降低农产品库存水平。对全国各类农产品的产量和品质信息进行搜集梳理，做出农作物产量的合理规划并将产量任务下发各地区，任务额度之内的农作物享受国家粮食补贴价格，额度之外则按市场价格进行交易，努力实现农产品库存动态平衡。此外，对紧缺农产品生产者予以现金补贴，引导农民合理调整生产结构，利用国内、国外两个市场化解高库存、高进口的困境。④调整农产品贸易结构，拓展农业收益空间。包括调整农产品进口结构，保护我国农业生产能力；政策鼓励农业企业"走出去"；签订中外自由贸易协定时应注重保护我国农业品质结构，给弱势品种预留成长空间。⑤发展资本技术密集型现代农业，提高农业劳动生产力。我国农业剩余劳动力进入相对短缺时期，农业人口出现老龄化现象。现代农业应该适时实现资本技术对劳动的替代，通过资本深化和技术深化，发展资本技术密集型现代农业。⑥提高农业补贴效能和力度，促进农业政策转型。包括实行阶梯式农业综合补贴；提高有机化肥、低毒农药、农业机械等农业生产资料生产者补贴，降低农业生产资料价格，降低农业生产成本；农户补贴向有机肥和高效、低毒、低残留农药倾斜，促进提高化肥、农药使用效率，分阶段、分品种、分区域推进化肥、农药使用从零增长逐步向减量使用转变；增加鲜活农产品电商补贴，政府给予通过电商平台销售生鲜农产品的农业合作社或农业企业一定的财政补贴，降低企业保鲜保质成本。⑦推进农产品收储制度改革，建立多层次粮食收储制度。比如逐步分离商业储备与政策性储备，建立多层次粮食收储制度；引导粮食主销区建立商品粮调销补偿基金，按照"谁受益，谁补偿"的原则，按比例对粮食主产区进行补偿；引导促进粮食生产核心区与主销区开展区域合作，通过建立产销合作基地等方式，把供需关系发展成为供应链管理的合作模式。⑧拓宽金融助农途径，激发农业科技创新动能。如创新科技小贷服务模式，鼓励发展农村互联网金融等。

第七章 供给侧结构性改革路径研究

第一节 逻辑框架

根据前文所述，全要素生产率的提高，一方面是实现供给侧结构性改革的体现，另一方面又是实现发展目标的手段，由此我们建立基于技术进步偏向的供给侧结构性改革路径逻辑框架如图7-1所示①。这些发展目标除了受到供给侧变量影响之外，还会受到其他因素的影响，如在图7-1中的最下方，是区域发展政策、收入分配政策等供给侧结构性改革之外的其他配套政策的影响。

在图7-1中，以全要素生产率为核心，以经济增长、产业结构优化、提高产品质量、增加就业和改善收入分配等为供给侧结构性改革所要实现的目标。提升全要素生产率主要在于提高劳动增进型技术进步率、资本增进型技术进步率和结构与配置效率三个方面，这三个方面各自由不同的政策与改革措施所推动。图7-1中罗列出了六个方面的政策或改革措施类型，每一个方面又由诸多具体政策措施构成。

---

① 出于简洁性考虑，图7-1中仅仅画出了我们认为比较重要的一些作用关系。

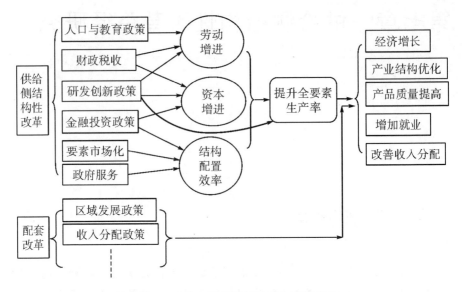

图 7-1　供给侧结构性改革路径逻辑框架

第二节　改革目标

前已述及，供给侧结构性改革是一种经济治理思路，而非具体政策，它会产生长期的影响。对照我国"十四五"时期"经济结构更加优化，创新能力显著提升"等目标、到 2035 年"基本实现现代化"和"进入创新型国家前列"目标以及到本世纪中叶"全面建成社会主义现代化强国"，以相对全要素生产率为衡量指标的供给侧结构性改革分阶段目标为："十四五"时期与美国的相对全要素生产率提高到 50%，到 2035 年与美国的相对全要素生产率达到 60%，到本世纪中叶与美国的相对全要素生产率达到 70%，大约相当于目前日本与美国的相对水平。目前我国相对全要素生产率略低于美国的 45%，到本世纪中叶大约每年相对全要素生产率需要提高 1%。

供给侧结构性改革不会一蹴而就，在不同的阶段关注的主要问题会有所差异，具体措施也会有所不同。根据变量的可变性和政策时滞，不同类型的政策可以分为短期政策与长期政策，其中短期政策属于能在短期内发挥效果的政策，长期政策是立足于未来的政策。图 7-1 中的人口与教育政策、科技创新政策总体上属于长期类型，其他政策则会在 5 年左右的短期或中期内产生效果。

第三节　具体措施

一、发挥制度优势做强基础研究

基础研究是一个国家长期发展的原动力，尤其是经济发展步入中上等收入阶段以后。经济进入新常态之前，我国的主要优势就是剩余劳动力，依靠释放人口红利维持了近 40 年的快速发展。但是经济进入新常态之后，剩余劳动力的优势已经不复存在，原有的经济增长方式需要发生转变。根据发达国家已有的发展经验，当人均收入进入中高等阶段以后，科学技术逐步成为经济发展的重要推动力。进一步来看，我国要实现经济发展的长期目标，更加迫切需要在基础研究上获得重大进步。单单依靠技术引进与应用型研究，无法支撑我们的技术进步与经济发展。科技本身发展的规律表明，只有扎实的基础研究，才能有源源不断的应用型研究。

目前我国的基础研究比较薄弱。2019 年，我国基础研究经费首次突破总研究经费的 6%，达 1 335.6 亿元[①]。但是与此对比，发达国家的基础研究经费普遍占总研究经费的 15% 以上。我国在基础研究方面的支出比例与发达国家相比仍有较大差距。一个共识性观点认为，美国在二战之后之所以经济能持续增长，就是依赖于其强大的基础研究能力。但是，基础研究短期内获利可能性比较低，因此基础研究主要是由高校、科研院所而非企业来从事的，但是我国的高校和一些科研院所往往比较热衷于应用型研究。

与应用型技术研发相比，基础研究往往更具有公共物品的性质（Romer，1993。参见图 3-11）。基础研究的这种性质表明，政府应当在基础研究中发挥关键性的作用。我国在这方面有明显的制度优势，一方面我国高校大多数是政府出资的，我国还有数量众多的国有企业，特别是规模庞大的中央直属国有企业；另一方面，我国政府在这些高校之间和中央直属国有企业之间有很强的组织协调能力。因此，应积极发挥"集中力量办

---

① 数据来源：http://www.gov.cn/xinwen/2020-08/27/content_5537848.htm.

大事"的制度优势，统筹安排，让科研院所承担基础科研战略任务，让中央直属国有企业成为关键技术突破的核心主体，加速创新领域军民融合发展。第一，积极鼓励高校特别是"双一流"高校从事基础科研，改变基础科研人员的考核与职称评定方式，延长考核期限，不以论文、项目数量评定作为工作主要绩效，转而以研究的原创性作为考核的主要指标。第二，积极为中央直属国有企业或国有企业从事研发技术创新创造条件：根据国家长期发展战略需要与经济安全需要，制定中央直属国有企业创新技术领域目录；每一领域选择 3 至 5 家中央直属国有企业从事基础性与原创性研发，鼓励中央直属国有企业之间相互竞争提高效率；制定中央直属国有企业研发类业务单独的保值增值考核办法，鼓励中央直属国有企业"试错"；探索中央直属国有企业之间与中央直属国有企业和民营企业之间技术共享、利益与风险分担、技术持股机制，鼓励中央直属国有企业向民营企业扩散基础性、原创性研发成果；加强中央直属国有企业与高校和科研院所技术、信息与人才培养合作。第三，要坚持国家战略需求和科学探索目标相结合，加强对关系全局的科学问题研究部署，增强原始创新能力，提升我国科学发现、技术发明和产品产业创新的整体水平，支撑产业变革和保障国家技术安全，力争在关键领域技术做到"应用一代、储备一代、实验一代"。

二、积极推动应用型技术向生产领域扩散

与核聚变等前沿科技的应用尚需时日相比，当前及未来较长一段时间，有非常广阔应用前景的技术是信息技术，因此第四次工业革命被称为信息技术革命。但是我国信息技术的发展，主要进入的是消费领域与金融科技领域，信息技术向农业、制造业和生产性服务业领域扩散不多，两化（信息化、工业化）融合推进较为缓慢。一个重要的例证是，我国率先发展了移动支付等消费领域的信息科技，但我国信息化程度总体不高。在国际电信联盟 2019 年的信息与通信技术发展指数（IDI）世界排名中，中国排在第 80 位。其中的差距在于我国生产领域的信息化程度比较低，远远落后于消费领域的信息化程度，也落后于世界上很多国家生产领域的信息化程度。

通信信息技术高科技公司往往热衷于建平台、赚快钱，在经过近 20 年的野蛮生长之后，其负面效果逐渐显现，成为推动供给侧结构性改革的阻

力。其一为挤压传统企业生存空间。许多科技型企业无心于与传统企业协同发展，无心于改造传统行业，而更多的是在击垮传统企业的战场废墟上构建自己的盈利模式，这使得传统企业生存困难，更遑论转型升级。其二为加剧金融风险。一方面，挤占了传统产业和传统企业的生存空间，导致传统企业和传统产业资产快速贬值；另一方面，重复研发资源浪费严重。科技企业热衷于抢地盘去赚快钱而不是精耕细作去获得长久利润，导致在少数可获利的应用场景相互厮杀，对于单个企业来说投资失败的风险很高，对社会而言则是竞争过度与资源浪费。其三为加剧失业与收入分配等社会问题。消费端的信息技术，并没有在很大程度上提高工人的工作技能，反而会使得原有的赖以为生的资产与技能变得一无是处。科技公司的跨行业快速扩张，短期内会造成大量的企业倒闭，失业增加。大型科技公司的野蛮生长确实会创造社会财富，但是它们必定无意于"共同富裕"，科技进步的成果主要落在了占社会少数掌握与控制科技资源的人手中。科技进步的加速，反而提高了社会阶层流动的技术门槛，社会固化越来越严重。

大力推动制造业朝信息化、智能化、绿色化和服务化的方向升级。特别是，要加快新一代移动通信装备、智能制造、3D打印、智能电网、工业机器人、新材料、新能源汽车等新技术或新领域的商业化应用，以商业化应用来引导市场需求和战略投资，以创造创新平台和创业环境来塑造全新的高端产业链，帮助新兴产业尽快度过初创瓶颈期，进入规模收益递增的高速成长阶段。这实际上也是我国制造业应对要素成本上涨、人口红利逐渐弱化和资源环境挑战，抢占未来国际竞争制高点，打造工业升级版的根本出路。

为此，我们应当采取"限"与"引"两方面的政策，一方面抑制科技型企业无生产性扩张，另一方面推动其进入生产性领域创造更多财富。

"限"方面的政策包括：①短期应对之道。对于已经发展壮大的大型民营科技公司，逐步减少税收优惠；对于挤压传统企业生存空间比较严重的民营科技公司的业务类型，如教育、零售等，应通过提高税率等税收措施加以限制，并将所征税收用于建立受损传统企业和失业工人补偿基金；积极监管，建立多头管理体制机制，对于不断出现的涉及多部门管理的新业态，应明确管理基本原则。②中期的管理引导之策。加大对中小企业保护力度，修订《中华人民共和国中小企业促进法》，择机加入保护中小企业受科技进步侵害的适当保护条款。第三，依托反垄断法加强对大型民营科技公司的反垄断监管，限制其无序扩张。③长期的对冲压制之道。中央直属国有企业、高校与国有科研院所应积极投入资源搞研发，掌握关键性知识产权资产。

"引"方面的政策即为引导科技型企业进入生产性领域。具体包括：第一，逐步解决应用技术供给端卡脖子问题。制定并动态化管理卡脖子关键技术目录，利用国家科技基金，引导企业进入卡脖子技术研发领域。第二，大力推动制造业朝信息化、智能化、绿色化和服务化的方向升级，拖动两化融合深入发展。特别是，要加快新一代移动通信装备、智能制造、3D打印、智能电网、工业机器人、新材料、新能源汽车等新技术或新领域的商业化应用。第三，进一步挖掘生产性服务业的发展空间，大力发展与信息化相关的研发设计、软件开发、大数据、云计算、系统集成、信息服务等生产性服务业。第四，推进农业生产信息化，加快农业生产信息化基础设施建设，培养农业信息化专业人才，提升农业生产信息化智能化水平。

三、以改善营商环境为核心推动政务改革

政府行为、法律与制度服务被称为社会基础设施，意指它们像高速公路、高铁等基础设施一样能够提高社会运行效率。在社会基础设施中，营商环境是最直接影响企业生产效率的部分。在世界银行的《全球营商环境报告》中，营商环境指标包括建筑许可、保护中小投资者、登记财产、办理破产、跨境贸易、纳税、获得电力、执行合同、开办企业、获得信贷十个方面。前几年的《全球营商环境报告》显示，我国营商环境快速提升。2017年我国营商环境在全球190个经济体中排第78位，2018年上升到第46位，2019年继续上升到第31位。2019年建筑许可等8项指标都有改善，其中排名靠前的有执行合同（第5位）、获得电力（第12位）。后来世界银行未公布最新的数据。

在纳税、获得信贷和跨境贸易等营商环境领域我国仍较为落后，其中出口边境合规和企业财税合规年平均耗时长、成本高。未来应对标排名靠前国家水平，抓住突出短板和难点问题，持续改善我国以上营商环境，以提高全要素生产率。其中主要包括三个方面：其一为简化进出口贸易通关手续，降低通关成木；其二为提高企业纳税服务能力，降低企业制度成

本；其三为提高金融服务效率，降低企业信贷成本。继续深化资本要素市场化改革，完善金融资本价格形成机制，逐步降低乃至解除利率管制。

四、节制过度投资与无序投资，提高资本要素效率

第四章和第五章中的多种方法实证分析均表明，我国技术进步是相对劳动增进型的，即资本效率增长率低于劳动效率增长率。资本效率在大部分的相关实证研究中甚至是负的。我们要注意的是，这里的资本是指物质资本而非信贷资本或金融资本。资本效率增长率偏低原因在于过度投资与无序投资。过去40多年来，尤其是供给侧结构性改革政策出台之前，我国经济增长主要是靠投资拉动的（袁鹏、朱进金，2019），大多数年份投资增长速度都超过了GDP增速。以宏观经济学角度观之，过度投资是消费意愿不足的一种表现，无序投资的主要推动力则在于地方政府盲目推动项目建设。

基于以上原因的分析，我们认为应从如下四个方面提高资本增进型技术进步率，从而提高全要素生产率。其一为提高消费意愿，减少可贷资金供给，从而减少投资流量。我国消费意愿偏低，主要是购房、养老、医疗、子女教育等未来支出压力较大所致，因此应进一步稳定房价，提高养老与医疗社保的参保水平，降低家庭所支付的子女教育费用比例。其二为控制资本的无序扩张，防止盲目建设、重复建设。经济进入新常态之前，我国经济高速增长，短期内看投资机会多，这诱导了企业以及地方政府的投资冲动，出现一窝蜂投资的现象，其结果是过不了多久就形成了产能过剩，2008年之前的光伏产业投资就是一个明显的例证。因此，各级发展改革部门应统筹兼顾，做好投资项目规划，防止一窝蜂重复建设的出现；政府引导基金、产业基金所投资的项目，更应做好国际国内市场调研，在充分竞争的前提下控制盲目投资；国有企业应做好社会投资带头示范作用，尤其是中央直属国有企业应当逐步退出类似于房地产等短期获利高的投资领域。

五、做好人力资源长期发展战略规划，提高劳动要素效率

第五章的研究表明，劳动增进型技术进步是全要素生产率进步的主要来源，因而提高劳动效率对于提升全要素生产率，促进供给侧结构性改革具有非常重要的意义。按照马克思主义政治经济学的观点，社会财富最终

都是靠人生产出来的，劳动投入是生产过程中最活跃最重要的投入要素。改革开放 40 多年来，我国创造经济奇迹的一条最主要的经验就是，通过不断改革而释放了劳动者的积极性、创造性，促进了劳动效率的提高。

尽管从短期来看，我国劳动供给数量与质量对于满足当前的生产需要来说问题不大，但是我国人力资源面临三个方面的潜在问题。其一为劳动供给总量未来有逐渐萎缩的危险。随着城市化的发展、工作方式的变化以及人们生活水平的提高，生育的时间机会成本大幅度提高，生育意愿大幅度下降。2016 年放开全面二胎后新生儿数量远远低于预期值即为证明。实际上，我国的总和生育率早已跌破代际替代水平。根据第三章的内生技术进步偏向理论，劳动供给量减少，劳动增进型技术进步的研发激励将下降，又将进一步不利于劳动效率的提高，这就是技术进步偏向的市场规模效应。其二为劳动投入的质量存在着供求结构性矛盾。问题主要包括职业技术教育普遍质量低下、高精尖人才培养跟不上市场需求的步伐、普通大学生学非所用问题明显等。例如，自 2018 年中美爆发"芯片战"以来，我国陡然发现各级各类芯片专业人才缺口巨大，达 30 万之多。其三为人口流动依然受到制约。最主要的限制就是户籍制度的限制，尤其是户籍所附着的一些社会公共服务，比如教育、医疗、社保等方面的限制。我国流动人口群体最大的就是农民工。农民工群体真正能够迁入城市的比例比较小，他们大多是"候鸟式"的短期人口流动，身在城市心在农村。农民工群体受到户籍制度的隐形限制最为突出，农民工子女很少能够在工作地享受到当地全部的义务教育。

无论是在数量层面还是在质量结构层面，劳动力资源调整都会非常缓慢。因此，我国劳动力资源管理应当在如下五个方面着力。其一，由大城市到中小城市再到农村分步实施育儿补贴政策，提高生育意愿。其二，加大义务教育投入力度，提高农村地区义务教育质量，延长义务教育年限至 12 年。考虑到未来社会知识的复杂性，没有高中或者类似于高中学历的人，在一二十年后的社会中将与文盲无异。其三，加大职业技术教育投入力度，尤其是加强职业技术教育师资的培养，把职业技术教育纳入政府的考核指标，推动政府办职业技术学校积极面向市场化。其四，高等院校尤其是"双一流"学校，应立足于培养学生和从事基础研究的主业，逐步降低"学术 GDP"考核权重。其五，深化户籍制度改革，逐步剥离户籍的附着利益，加快普通劳动力的流动速度，逐步减少劳动力流动中的差异化政策，逐步减少因人才称号而出现的"封妻荫子"现象。

六、"三去一降一补"制度化

"三去一降一补"是我国供给侧结构性改革提出伊始所提出的五大具体任务。这五大任务是针对过去长期需求侧管理所积累的沉疴所下的一剂猛药。到目前为止，"三去一降一补"执行效果明显，为我国企业轻装上阵创造了条件。

从西方国家经济发展来看，在市场经济中，企业个体决策具有盲目性和投机性，产能过剩、库存积压、成本上升、杠杆加码、供给短板是必然发生的常态。西方国家市场经济主要靠周期性的经济危机与金融危机被动地解决这些问题，但是给整个社会带来了沉重代价。因此，在供给侧结构性改革思路指导下，我国应逐步建立"三去一降一补"制度化管理模式，建立产能过剩、库存积压、成本上升、企业杠杆、供给短板等方面的分级预警机制，设定各自领域绿区、黄区与红区，针对黄区与红区做好政策应对预备方案，以便在经济发展过程中逐步及时化解各种风险，防止问题与风险累积导致经济危机或金融危机。

参考文献

［1］白雪洁，李爽. 要素价格扭曲、技术创新模式与中国工业技术进步偏向：基于中介效应模型的分析［J］. 当代经济科学，2017，39（1）：30-42，125.

［2］白俊红，卞元超. 要素市场扭曲与中国创新生产的效率损失［J］. 中国工业经济，2016（11）：39-55.

［3］蔡昉. 强化人力资本：扩大中等收入群体的源与径［J］. 中国人大，2016（17）：17-18.

［4］蔡昉. 劳动力短缺：我们是否应该未雨绸缪［J］. 中国人口科学，2005（6）：11-16，95.

［5］蔡昉. 中国的人口红利还能持续多久［J］. 经济学动态，2011，604（6）：3-7.

［6］蔡晓陈. 中国资本投入：1978—2007：基于年龄—效率剖面的测量［J］. 管理世界，2009（11）：11-20.

［7］蔡晓陈. 中国二元经济结构变动与全要素生产率周期性：基于原核算与对偶核算 TFP 差异的分析［J］. 管理世界，2012（06）：8-16，59.

［8］蔡晓陈，赖娅莉. 二元经济结构与技术进步偏向［J］. 财经科学，2020（7）：79-91.

［9］池振合，杨宜勇. 2004—2008 年劳动收入占比估算［J］. 统计研究，2013，30（7）：33-38.

［10］迟福林. "十三五"：以经济转型为主线的结构性改革［J］. 上海大学学报（社会科学版），2016，33（2）：1-13.

［11］陈晶，冯荣凯. 供给侧结构性改革国际经验的借鉴与反思［J］. 沈阳工业大学学报（社会科学版），2018，11（3）：221-226.

［12］陈晓玲，徐舒，连玉君. 要素替代弹性、有偏技术进步对我国工

业能源强度的影响 [J]. 数量经济技术经济研究, 2015, 32 (3): 58-76.

[13] 程永帅, 杨倩. 日本供给侧改革的经验及启示 [J]. 河南财政税务高等专科学校学报, 2020, 34 (3): 36-40.

[14] 崔健. 日本供给侧结构性改革的时机、措施与效果研究 [J]. 日本学刊, 2019 (3): 87-110.

[15] 戴天仕, 徐现祥. 中国的技术进步方向 [J]. 世界经济, 2010, 33 (11): 54-70.

[16] 邓明. 人口年龄结构与中国省际技术进步方向 [J]. 经济研究, 2014, 49 (3): 130-143.

[17] 董直庆, 安佰珊, 张朝辉. 劳动收入占比下降源于技术进步偏向性吗? [J]. 吉林大学社会科学学报, 2013, 53 (4): 65-74.

[18] 董直庆, 陈锐. 技术进步偏向性变动对全要素生产率增长的影响 [J]. 管理学报, 2014, 11 (8): 1199-1207.

[19] 范必. 供给侧改革应着重打破供给约束 [J]. 宏观经济管理, 2016 (6): 11-18.

[20] 范洁. 供给侧改革促进经济转型升级: "美英案例" 及其启示 [J]. 新金融, 2016 (8): 60-64.

[21] 方晋. 财政政策要在供给侧改革中发力 [N]. 中国经济时报, 2016-02-19 (05).

[22] 郭田勇. 金融业应在供给侧改革中发挥积极作用 [J]. 中国国情国力, 2016 (10): 66-69.

[23] 韩春, 刘杏愉. 1980's 美国供给侧治理对我国供给侧改革的启示 [J]. 经济研究导刊, 2018 (36): 158-160, 165.

[24] 韩秋. 韩国产业结构转换中的动态比较优势 [J]. 黑龙江社会科学, 2006 (3): 141-144.

[25] 韩永彩. 金融危机后美国 "供给侧" 改革效应: 兼论中美贸易特征事实 [J]. 当代经济管理, 2017, 39 (8): 46-54.

[26] 黄先海, 徐圣. 中国劳动收入比重下降成因分析: 基于劳动节约型技术进步的视角 [J]. 经济研究, 2009, 44 (7): 34-44.

[27] 洪银兴. 以创新的理论构建中国特色社会主义政治经济学的理论体系 [J]. 经济研究, 2016, 51 (4): 4-13.

［28］贾康.从供给端破解经济发展瓶颈［J］.中国投资，2013（12）：98-101.

［29］贾康，冯俏彬.新供给：创构新动力："十三五"时期"供给管理"的思路与建议［J］.先锋，2015（12）：13-16.

［30］贾康.供给侧改革与中国经济发展［J］.求是学刊，2016，43（6）：41-52.

［31］解冰，潘经强.产业融合：农业供给侧结构性改革的创新发展［J］.农村经济与科技，2019，30（1）：26-28.

［32］李佐军.供给侧结构性改革的着力点［J］.智慧中国，2016（10）：8-11.

［33］李佐军.准确把握供给侧改革［N］.北京日报，2015-12-28（17）.

［34］李俊江.科技创新是促进经济社会发展的根本动力［N］.吉林日报，2015-06-04（10）.

［35］刘巍.日本供给侧结构性改革的经验与启示［J］.科技促进发展，2017，13（3）：187-194

［36］刘小琴.经济新常态下的供给侧结构性改革路径之探析［J］.商业会计，2018（6）：80-83.

［37］雷钦礼.偏向性技术进步的测算与分析［J］.统计研究，2013，30（4）：83-91.

［38］雷钦礼，徐家春.技术进步偏向、要素配置偏向与我国TFP的增长［J］.统计研究，2015，32（8）：10-16.

［39］刘世锦.供给侧改革的主战场是要素市场改革［J］.智慧中国，2016（9）：4-6.

［40］刘岳平，文余源.制度变迁、技术进步偏向与要素收入分配［J］.武汉理工大学学报（社会科学版），2016，29（2）：188-195.

［41］刘丽.经济增长过程中工资分配的变动：基于中国经济数据的实证分析［J］.当代经济科学，2008（4）：43-49，125.

［42］卢少云，孙珠峰.美国供给侧改革理论与实践分析［J］.太原理工大学学报（社会科学版），2017，35（1）：61-66.

［43］陆雪琴，章上峰.技术进步偏向定义及其测度［J］.数量经济技

术经济研究，2013，30（8）：20-34.

[44] 罗伯特·M.索洛.经济增长理论：一种解说 [M].朱保华，译.上海：格致出版社，2015.

[45] 罗知，李浩然.中国的技术进步偏向：来自省级和行业的证据 [J].南开大学商学评论，2018（2）：1-35.

[46] 逄锦聚.经济发展新常态中的主要矛盾和供给侧结构性改革 [J].经济研究参考，2016（13）：15-28.

[47] 潘士远.最优专利制度、技术进步方向与工资不平等 [J].经济研究，2008，477（1）：127-136.

[48] 齐永峰，巨强.韩国"新村运动"对我国农业供给侧改革的启示 [J].农业发展与金融，2016（11）：60-62.

[49] 任泽平.德国供给侧改革时期的调整、应对与经验 [J].理论学习，2016（4）：52-53.

[50] 任泽平.美国供给侧改革挑战、应对与启示 [J].现代国企研究，2018（Z1）：116-121.

[51] 单豪杰.中国资本存量K的再估算：1952—2006年 [J].数量经济技术经济研究，2008，25（10）：17-31.

[52] 时广军，马思腾.澳大利亚"工作型"路径教师教育实践研究 [J].比较教育研究，2023，45（10）：86-94.

[53] 沈坤荣.供给侧结构性改革是经济治理思路的重大调整 [J].南京社会科学，2016（2）：1-3.

[54] 沈铭辉，李天国.供给侧结构性改革：来自韩国的经验与启示 [J].中国社会科学院研究生院学报，2018（5）：62-73.

[55] 宋冬林，王林辉，董直庆.技能偏向型技术进步存在吗?：来自中国的经验证据 [J].经济研究，2010，45（5）：68-81.

[56] 苏京春，王琰.美国次贷危机后供给侧改革政策实践、评价与启示：基于问题资产救助计划的分析 [J].地方财政研究，2019（2）：107-112.

[57] 田正，武鹏.供给侧结构性改革的路径：日本的经验与启示 [J].日本学刊，2019（3）：111-135.

[58] 王班班，齐绍洲.中国工业技术进步的偏向是否节约能源 [J].中国人口·资源与环境，2015，25（7）：24-31.

［59］王林辉，韩丽娜. 技术进步偏向性及其要素收入分配效应 ［J］. 求是学刊，2012，39（1）：56-62.

［60］王光栋，叶仁荪，王雷. 技术进步对就业的影响：区域差异及政策选择 ［J］. 中国软科学，2008（11）：151-160.

［61］王光栋，芦欢欢. 技术进步来源的就业增长效应：以技术进步的要素偏向性为视角 ［J］. 工业技术经济，2015，34（8）：147-153.

［62］王秋波，魏联合. 德国的供给侧改革 ［J］. 政策瞭望，2016（4）：23-24.

［63］王燕，陈欢. 技术进步偏向、政府税收与中国劳动收入份额 ［J］. 财贸研究，2015，26（1）：98-105.

［64］王一鸣，陈昌盛，李承健. 正确理解供给侧结构性改革 ［N］. 人民日报，2016-03-29（07）.

［65］王一鸣.“十三五”加强供给侧改革塑造新需求 ［J］. 理论导报，2015（12）：26-28.

［66］吴敬琏. 什么是结构性改革？它为何如此重要？［J］. 清华管理评论，2016（11）：8-16.

［67］吴晗，杨飞，程瑶. 中国劳动报酬份额下降的影响因素：一个综述 ［J］. 劳动经济研究，2014，2（6）：173-192.

［68］夏正智. 中美供给侧改革的背景差异与中国的改革重点 ［J］. 中共云南省委党校学报，2018，19（3）：21-25.

［69］肖林. 以结构性改革再造中国经济增长新动力 ［J］. 科学发展，2016（11）：21-24.

［70］谢世清，许弘毅. 日本供给侧结构性改革及对中国的启示 ［J］. 国际贸易，2017（7）：24-28.

［71］谢晓燕. 农业供给侧问题及新动能培育对策 ［J］. 经济论坛，2018（9）：105-108.

［72］徐佳宾，徐佳蓉. 韩国的产业结构调整和税制改革 ［J］. 税务研究，2002（11）：75-81.

［73］闫二旺，段景怡. 供给侧管理改革的国际比较 ［J］. 经济师，2017（10）：72-74，77.

［74］杨莉. 供给侧改革的国际经验借鉴 ［J］. 人民论坛，2016

（31）：110-111.

［75］杨丽君，邵军. 新常态下德国工业 4.0 对我国供给侧改革的启示
［J］. 现代经济探讨，2016（4）：10-14.

［76］杨跃龙，韩笋生. 澳大利亚住房保障的供给侧改革和创新性实践
［J］. 城市与环境研究，2019（2）：80-92.

［77］姚洋. 发展经济学［M］. 北京：北京大学出版社，2018.

［78］易信，刘凤良. 中国技术进步偏向资本的原因探析［J］. 上海经
济研究，2013，25（10）：13-21.

［79］余永定. "供给侧结构性改革" 正本清源［J］. 新理财（政府理
财），2016（6）：24-25.

［80］袁鹏，朱进金. 要素市场扭曲、技术进步偏向与劳动份额变化
［J］. 经济评论，2019，216（2）：75-89.

［81］曾宪奎. 技术创新：供给侧结构性改革的战略主攻点［J］. 贵州
省委党校学报，2016（3）：79-84.

［82］张军，吴桂英，张吉鹏. 中国省际物质资本存量估算：1952—
2000［J］. 经济研究，2004（10）：35-44.

［83］张莉，李捷瑜，徐现祥. 国际贸易、偏向型技术进步与要素收入
分配［J］. 经济学（季刊），2012，11（2）：409-428.

［84］张彦峰. 我国居民收入分配基尼系数变化趋势分析［J］. 商业经
济研究，2019（16）：189-192.

［85］赵磊. 科技创新在供给侧结构性改革中引领作用研究［J］. 科技
创新与生产力，2016（9）：1-4.

［86］赵玉姝，焦源，高强，等. 国外农业供给侧改革的经验与借鉴
［J］. 江苏农业科学，2017，45（19）：7-10.

［87］郑绍庆. 供给侧改革下经济管理创新的国际经验借鉴研究［J］.
哈尔滨师范大学社会科学学报，2017，8（3）：74-77.

［88］郑京平. 对中国供给侧结构性改革的几点认识［J］. 开放导报，
2016（2）：42-45.

［89］中国总会计师编辑部. 美国 80 年代的 "供给侧改革" 为什么会
取得成功［J］. 中国总会计师，2019（12）：172.

［90］R. O. 坎波斯. 通货膨胀与经济增长［M］//H. S. 埃利斯. 拉

丁美洲的经济发展. 纽约：麦克米伦出版公司，1966. 转引自：马颖. 论结构主义经济发展思路的假定前提 [J]. 经济评论，1997 (6)：40-44.

[91] ABRAMOVITZ M. Resource and Output Trends in the United States Since1870 [R]. NBER, 1965：1-23.

[92] ACEMOGLU D. Why do new technologies complement skills? Directed technical change and wage inequality [J]. Quarterly Journal of Economics, 1998, 113 (4)：1055-1089.

[93] ACEMOGLU D. Directed technical change [J]. Review of Economic Studies, 2002 (69)：781-809.

[94] ACEMOGLU D. Patterns of skill premia [J]. Review of Economic Studies, 2003, 70 (2)：199-230.

[95] ACEMOGLU D. Equilibrium bias of technology [J]. Econometric, 2007, 75 (5)：1371-1410.

[96] ACEMOGLU D. Introduction to modern economic growth [M]. Princeton：Princeton University Press, 2009.

[97] ACEMOGLU D, ZILIBOTTI F. Productivity differences [J]. Quarterly Journal of Economics, 2011 (116)：563-606.

[98] ACEMOGLU D, G GANCIA, F ZILIBOTTI. Offshoring and directed technical change [J]. American Economic Journal：Macroeconomics, 2015, 7 (3)：84-122.

[99] AHMAD S. On the theory of induced invention [J]. The Economic Journal, 1966, 76 (6)：344-357.

[100] AUTOR D H, KATZ L F, KRUEGER A B. Computing inequality：have computers changed the labor market? [J]. Quarterly Journal of Economics, 1998, 113 (4)：1169-1213.

[101] BÉNABOU ROLAND. Inequality, Technology and the social contract [M] //PHILIPPE AGHION, STEVEN N DURLAUF. Handbook of Economic Growth. Amsterdam：North-Holland, 2005：1595-1638.

[102] BLANCHARD O J. The medium run [J]. Brookings Papers on Economic Activity, 1997 (16)：89-158.

[103] BURMEISTER E, A R DOBELL. Mathematical theories of econom-

ics growth [M]. New York: Collier-Macmillan, 1970.

[104] CHENERY HOLLIS B. Structural change and development policy [M]. Baltimore: Johns Hopkins University Press, 1979.

[105] DAVID P, T VAN DE KLUNDERT. Biased efficiency growth and capital-labor substitution in the US., 1899-1960 [J]. American Economic Review, 1965, 55 (3): 357-394.

[106] DE LA GRANDVILLE O. Economic growth: a unified approach [M]. Cambridge: Cambridge University Press, 2009.

[107] DIAMOND P A. Disembodied technical change in a two-sector model [J]. Review of Economic Studies, 1965, 32 (April): 161-68.

[108] DRANDAKIS E M, E S PHELPS. A model of induced invention, growth, and distribution [J]. Economic Journal, 1966, 76 (December): 823-840.

[109] FEI JOHN C H, GUSTAV RANIS. Development of the labor surplus economy: theory and policy [M]. Irwin: Homewood, 1964.

[110] Fellner, William. Two propositions in the theory of induced innovation [J]. Economics Journal, 1961, 71 (282): 305-308.

[111] HARROD R F. Review of john robinson's essays in the theory of employment [J]. Economic Journal, 1937, 47 (188): 326-30.

[112] HARROD R F. Towards dynamic economics: some recent development of economic theory and their applications to policy [M]. London: Macmillan, 1948.

[113] HICKS J. The theory of wages [M]. London: Macmillan, 1932.

[114] KALDOR N. El Papel de la imposición en el desarrollo económico [J]. Investigación Económica, 1963, 23 (89): 67-96.

[115] KARABARBOUNIS L, B NEIMAN. The global decline of the labor share [J]. Quarterly Journal of Economics, 2014, 129 (1): 61-103.

[116] KATZ L, K MURPHY. Changes in relative wages: supply and demand factors [J]. Quarterly Journal of Economics, 1992 (105): 35-78.

[117] KENNEDY C. Harrod on "neutrality" [J]. Economic Journal, 1962, 72 (March): 249-250.

[118] KENNEDY C. Induced bias in innovation and the theory of distribution [J]. Economic Journal, 1964, 74 (295): 541-547.

[119] KLUMP R, MCADAM P, WILLMAN A. Factor substitution and factor augmenting technical progress in the US: a normalized supply- side system approach [J]. Review of Economics and Statistics, 2007, 89 (1): 183-192.

[120] KMENTA J. On estimation of the ces production function [J]. International Economic Review, 1967, 8 (2): 180.

[121] KRUSELL P. Capital-skill complementarity and inequality: a macroeconomic analysis [J]. Econometrica, 2000, 68 (5): 1029-1053.

[122] KUZNETS S. Modern economic growth, findings and reflections [J]. American Economic Review, 1973 (63): 247-258.

[123] LEÓN-LEDESMA A MIGUEL, PETER MCADAM, ALPO WILLMAN. Identifying the elasticity of substitution with biased technical changes [J]. American Economic Review, 2010, 100 (4): 1330-1357.

[124] LEWIS ATHUR. Economic development with unlimited supplies of labor [J]. Manchester School, 1954, 22 (2): 139-191.

[125] MURPHY K M, WELCH F. The structure of wages [J]. Quarterly Journal of Economics, 1992, 107 (1): 285-326.

[126] ROMER P M. Two strategies for economic development: using ideas and producing ideas [C] //Proceedings of the World Bank Annual Conference on Development Economics, Washington D. C.: World Bank, 1992.

[127] SAMUELSON P A. A theory of induced innovations along Kennedy-Weizäcker lines [J]. Review of Economics and Statistics, 1965, 47 (4): 343.

[128] SAMUELSON P A, F MODIGLIANI. The pasinetti paradox in neoclassical and more general models [J]. Review of Economic Studies, 1966, 33 (October): 269-301.

[129] SATO R, T MORITA. Quantity or quality: the impact of labor-saving innovation on us and japanese growth rates 1960-2004 [J]. Japanese Economic Review, 2009, 60 (4): 407-434.

[130] SOLOW R M. Technical change and the aggregate production function [J]. Review of Economics and Statistics, 1957 (3): 312-320.

［131］SOLOW R M. Investment and technical progress ［M］//ARROW K, KARLIN S, SUPPRES P. Matheatical Methods in the Social Sciences. Stanford: Stanford University Press, 1960: 89-104.

［132］SYRQUIN M. Patterns of structural change ［M］//HOLLIS B CHENERY, T N SRINIVASAN. Handbook of Development Economics. Amsterdam: Elsevier, 1989.

［133］WEIZSÄCKER C C. Tentative notes on a two sector model with induced technical progress ［J］. Review of Economic Studies, 1966, 33 （7）: 245-251.